Bilingual

Leaving the world with a smile
The Life Story of Halil Dinc

Zeynep
Kayadelen

AST PUBLISHING

Author
Zeynep Kayadelen

Editor
Hafza Girdap

Contributor
Mina Leyla

Translator
E.Y.

English Editors
Barbara W.
Hande Hur

Illustrator
Muhsin Nazif

Covers and Page Design
Muhsin Nazif

Leaving the world with a smile

Copyright © AST Publishing, 2024

All publication rights of this work belong to Advocates of Silenced Turkey. All rights reserved. No part of this book may be reproduced or transmitted in any form or by any means, electronic or mechanical, including photocopying, recording or by any information storage and retrieval system without permission in writing from the Advocates of Silenced Turkey.

www.silencedturkey.org
Published: December 2024
ISBN: 9798303341173

CONTENTS

About the Hizmet Movement	4
Editor's Note	5
Their Words Bind the People!	10
Friend or Foe	14
Seasons Change	20
The Branches of the Shade Trees Wither!	27
Births Are Painful!	33
Death! The Wall That Suddenly Appears!	40
Goodness is the Sun of Life!	47
Your Freedom is Your Homeland!	53
Poems of Halil Dinc	58
Photos	62

ABOUT THE
HIZMET MOVEMENT

Hizmet is a transnational civil society initiative that advocates for the ideals of human rights, equal opportunity, democracy, non-violence, and the emphatic acceptance of religious and cultural diversity. This widespread movement began in Turkey as a grassroots community in the 1970s in the context of social challenges being faced at the time: violent conflicts among ideologically and politically driven youth, desperate economic conditions, and decades of a state-imposed ideology of discrimination that mandated a particular lifestyle.

Over the years, Hizmet has transformed from a grassroots community in Turkey to a much wider global effort with participants from all walks of life. Their work is centered upon promoting philanthropy and community service, investing in education to cultivate virtuous individuals, organizing intercultural and interfaith dialogue events to promote peaceful coexistence.

Hizmet participants are inspired by the ideas and example of Fethullah Gulen, a Muslim scholar who has expressed the belief that serving fellow humans is as serving God.

For more information: *www.afsv.org*

EDITOR'S **NOTE**

Advocates of Silenced Turkey (AST) is a non-governmental organization that runs its activities on a voluntary basis since 2018. AST aims to bring before international public opinion the human rights violations including torture and the unlawful court trials and proceedings, which have been encountered in Turkey especially the last ten years. After 2016, more than 160,000 innocent people lost their jobs in both public and private sectors, with accusations and unjust convictions of being connected with the coup attempt. The state of emergency, which was announced on July 20, 2016, gave the government unchecked powers - in the disguise of combatting terrorism - to persecute thousands of people with no accountability and to undermine the fundamental principles of a democratic society and the most basic principles of universal human rights and values such as freedom of expression and freedom of the press. Today, tens of thousands of highly qualified professionals such as judges, prosecutors, doctors, teachers, journalists, academics, and military officers have been detained and imprisoned in Turkey due to bogus terrorism charges. Around 5,000 of them are women, along with nearly 345 children who stay with their mothers in prisons. Hundreds of thousands of people have little or no hope of surviving the grueling atmosphere in Turkey, and as they are banned from leaving the country, they have no other choice but to flee at the risk of losing their lives by crossing the borders via dangerous routes. Some of them have not survived this difficult journey.

As the Advocates of Silenced Turkey, we engage in a number of activities in order not to keep silent about the injustices that have been taking place in Turkey where the rule of law has been suspended for a long time.

APH (Archiving the Persecution of Hizmet) project of recording and archiving the testimonies of victims, aims to shed light on the injustices suffered by thousands of people in Turkey. Our volunteers have conducted hundreds of interviews and thanks to their efforts, the victimizations, and hardships that the victims experienced are now being recorded in both spoken and written formats. The main purpose of this project is to ensure that these tragic stories are not allowed to fade into oblivion but are rather recorded accurately and impartially to leave firsthand sources for future generations. We also aim to bring this persecution to the attention of academics, media organizations, human rights associations, prominent community leaders, and government representatives at the international level.

"Leaving the world with a smile" is the product of a long-term endeavor. We would like to thank everyone who made tireless and valuable contributions to this work. We wish that Turkey will soon transform into a democratic society in which fundamental values like universal human rights and the rule of law are duly observed.

We dedicate this work...

...to the tens of thousands of people in Turkey, who have been deprived of their liberty and face persecution.

...to innocent people who had to flee their homeland and get separated from their families.

...to all victims who have set out for a new life in which they just want to live freely without any further injustice.

...and to those who have lost all their hope of going back and living in their homelands.

We sincerely thank...

Our author Zeynep Kayadelen

Translator E.Y.

English Editors Barbara W., Hande Hur

Book Editor Hafza Girdap

Illustrator Muhsin Nazif

Cover Designer Muhsin Nazif

Contributor Mina Leyla

...and everyone else who contributed to this project.

The Flowers of **Spring**

Black dense fog covered all around in that July
Sneaky traps were set up at every corner
On a dark and bloody summer night
The flowers of Spring, got frosted

They woke up, their shirt torn from the back
They were sentenced to a penalty, for sure
Justice was no longer, law was no more
The flowers of Spring, thrown into dark dungeons

Evil said they are not flowers, only poisonous thorns
They gave the verdict: "Kill them all!"
So, they were trampled on and thrashed
The flowers of Spring, victims of a genocide

Their brothers and sisters did nothing to protect them
Some were even pushed out and rejected by their own parents
So, they left their homeland, tears in their eyes
The flowers of Spring, migrated far far away

They were chased after, with hate and rage

Dogs holding a grudge, followed them everywhere

Some of them were captured and brought back in chains

The flowers of Spring, tortured cruelly

God has decreed, it shall be Spring again

The dry land will be all green after the Winter

Even if they die for this cause, Hizmet will go on

The flowers of Spring, scattered their seeds everywhere

The dark evil dumped all its hate against the light

Their deserted souls were so jealous of the vibrant colors

Although deprived of a drop of water, and left to fade and die

The flowers of Spring, Thank God, dispersed to the entire world

Zeynep Kayadelen

Their Words
Bind the People!

Words have souls. They are alive. They arise from our intentions and give direction to our lives. Indeed, words are our most powerful weapon. The most healing medicine... The most lethal poison... The wisdom that carries the greatness of the Creator to earth descends by means of words. Every being in the universe is also a word; every being is a part of a miraculous book that describes its Creator. The universe is rewritten moment by moment, season by season. The first word revealed in the Qur'an is Iqra[1]. So, learn and repeat... Breathe in and out with the truth. This is what will give you life...

The relationship between our destiny and the words that we are speaking in our lives is haunting Nihayet a lot these days. As she remembers her conversations with Halil, she understands everything better, all the mysteries of the past get uncovered... At the far end of Europe, she watches the mysteries that shine through the beautiful days she left in the East.

Halil Dinc, the late husband of Nihayet... A life partner who has recently died and reached the peaceful shores of the eternal realm and left his wife and three children behind, longing for him...

It turns out that on that day when they decided to get married, Halil had already summarized their future story. It was late 1994 when he asked Nihayet if she wanted to be involved in the story that he already knew how it would end.

---

1 Iqra in Arabic means "read", "recite". The translation of the first verse revealed in the Quran is as follows: "Read in the name of your Lord Who created!"

At that time, Nihayet was a young girl in the prime of her life, Halil was a young man who was endowed with lofty ideals. Turkey, on the other hand, was a young country that has been suffering from endless pains since it was founded.

Halil is no longer with her. Nihayet is constantly thinking about what they have gone through in the twenty-five years they lived together. Like everyone who has suffered losses, she watches the horizons of the past from the point where she is now, looking at what is left in her hands. How far did she travel, where has she been, should she have gone in another direction?

Nihayet, who lost her parents when she was young, stayed with her older brother until the end of high school and then left home by moving into a student dormitory when she began her college education. Soon the books that the other girls in the dormitory were reading got her attention, and this is how the process of getting to know the Hizmet movement began for her. She read the books that she borrowed one by one. The doors of a bright world had opened in her mind. She was absolutely sure that she had found the truths that would enlighten her soul. The founding father of the Hizmet movement, Fethullah Gulen[2], was very different from the religious people she had ever known. In short, he explained in his books that reachingced out to people with love and compassion is the purpose of human existence. It was this act of kindness, the Hizmet movement, which Nihayet had joined voluntarily.

---

2 Fethullah Gulen is an Islamic scholar, preacher and social advocate, whose decades-long commitment to education, altruistic community service, and interfaith harmony has inspired millions in Turkey and around the world. Described as one of the world's most important Muslim figures, Gulen has reinterpreted aspects of Islamic tradition to meet the needs of contemporary Muslims. He has dedicated his life to interfaith and intercultural dialogue, community service and providing access to quality education. For more information, please visit www.afsv.org

It was the 1990s. In those years, new schools and educational institutions were being opened in Turkey. Some institutions were serving as study centers for students where they could review and reinforce the class material they learn in schools. Hizmet movement volunteers have believed that the advancement of humanity was possible through education, so they had begun opening schools and education centers everywhere in Turkey. One of those education centers was opened in the city of Van. Nihayet was studying in Van at that time, and she was in her senior year of university. She applied to teach in that education center. When her application was approved, she started to work there first as an intern. One of the people who mentored the interns was Halil. It was there that they met for the first time. Actually, they were the same age, but Halil had finished the university one year earlier than Nihayet.

Nihayet was actually a little surprised at first that Halil wanted to marry her. They were both 22 years old at that time. The young girl was just finishing college, she thought it was early for getting married. Nihayet had lost her mother at the age of seven and her father at the age of twelve. Her older brother and sister had taken care of her. When she talked to her friends of a possible marriage, they thought that it would be a good idea and they encouraged her. All her life she was raised an orphan. She could finally start a family of her own. Those who introduced the two to each other thought that Halil was a compassionate and good-hearted person who would not hurt Nihayet at all. So, they met each other on a winter day.

As the year 1994 was about to end, the knot has been tied and they got married. They had met several times before, to talk and to get to know each other better. During one of their meetings, an interesting dialogue took place between them. The conversation that Nihayet had with Halil was burned into her mind forever. They were sitting in the school principal's room, looking quickly and shyly to each other, in sweet excitement. She would be so embarrassed in those meetings she could hardly breathe. She would mostly sit there on a chair, her head down, looking at the floor. Halil was more talkative and goal-oriented. On that day, their topic was the Hizmet movement, of which they were both volunteers.

"Nihayet, there is something important that I need to tell you. As you know, Nihayet, we're pursuing a cause. We have a lofty ideal of serving humanity with love and peace. However, great ideals are usually accompanied with trouble, martyrs, and imprisonment. I don't know where our path will lead. Are you with me, nonetheless? One day I may leave you alone with three children and go to jail, I might even die. So, do you still accept my marriage proposal?"

Nihayet was a young girl at that time, she did not know the weight of those words on that day. She could not have known that the people of her beloved country would become so cruel. She thought that Halil was exaggerating. How in the world could he be imprisoned anyhow? He was such a nice and kind person.

"I do accept," she said.

Twenty-five years after this talk, Halil passed away. Nihayet was left alone with three children in a far corner of the world. Only recently she has come to understand what she had accepted on that day, what kind of pain and suffering she had asked for. She kept wondering what she would do differently on that day if she was aware of all the troubles they were going to face. Since her traumas have not yet passed, there is no clear answer to this for now. As Halil said once, those who are on the side of the light in this world should be always ready for the traps hidden in the darkness. However, even Halil could not have predicted that they would be caught in such a cruel and evil trap. A person's true homeland was their family, and Nihayet, having lost her country first and then her husband, was now living in an exile within exile.

Friend or **Foe?**

In 1995, when they got married, Nihayet was working at an education center and Halil was working at Serhat Private High School. They continued to work in the city of Van for a while. Halil worked as a principal at that college for eight years, Nihayet worked as a teacher and assistant principal for four years. Their children Ihsan and Ahsen were born in Van. They had memorable days. "A good spouse is a treasure of the world," they say. They were very well-matched and very happy.

Then they were assigned to Sivas, and the two worked as contract employees at Sultan Murad Private High School. Spending a few years there and a few years in some other cities, they had so many students in different parts of Turkey. Finally, they came to Ankara.

The husband and wife were running their routine between home and school, meanwhile they were trying to raise their own children. They had nothing to do with politics or any political party. They were donating some part of their teacher salary to needy students as scholarships. It was these kind-hearted people against whom the Erdogan government started a genocide. These people were only involved in education, learning, books, science, and peace. They knew nothing about the game of politics, neither were they interested in it at all. Actually, if the Hizmet movement volunteers knew the rules of politics and followed the laws of power and self-interest, they would never have faced Erdogan's bloody oppression.

It was 2015, a year before the July 15 coup conspiracy, and the AKP government was increasing its pressure on the Hizmet movement day by day. Because those people, unlike many others, did not remain silent against the corruption of the government and did not accept to be undoubtful supporters of the government. But the most powerful weapon of the age, the media, had fallen into the hands of Erdogan a long time ago. Any fake news fabricated by the Erdogan administration was on the front page of dozens of major newspapers the next day. At first, the people were confused about who to believe. On the one side was the Hizmet and its honest and helpful volunteers, and on the other side was the government, religious in appearance and holding the power of the state in its hands. A war had already begun, the whys and hows of which had not yet come to light. According to some, Erdogan had a mission to legitimize the genocide he would commit against Hizmet volunteers by intimidating and deceiving the Turkish people. However, there is no reason on earth to justify a genocide of innocent people, including pregnant women and children.

Soon, many difficulties, including financial ones, kept arising in the institutions of the Hizmet. Teachers were not getting their salaries properly. Many parents had begun to draw their children from the Hizmet schools. Especially civil servants who were worried about being fired from their jobs took their children away. The problems were not only related to the absence of salary. Even their relatives and close friends were distancing themselves from the Hizmet volunteers and leaving them alone. The volunteers thought that being excluded from society was the worst thing they would ever experience. Really, what could be worse than that? Alas! They had no idea about the coup conspiracy and other bloody plots set up by Erdogan. Around June 2016, one month before the July 15 coup plot, Nihayet had told Halil, "My lab apron is getting old, we should buy a new one." That is what they were planning about, that was their normal. After all, the summer break was to end soon and they would return to their schools. When Nihayet was getting worried about her old lab apron, Erdogan was making plans to put the Hizmet volunteers in shrouds.

It had been two days since they had returned from the *Eid al-Fitr*[3] holiday. That evening, Halil and Nihayet were at their home. They had dinner together and then some tea and talked about everyday matters. It was a warm and calm summer evening. They were unaware of the fate that would change soon drastically, for themselves and for the entire county. Nihayet was a little sick and had taken sleeping pills to help her sleep. Well, the entire Turkey was going to spend that night without sleep.

The worst nightmares are the ones we dream when we're awake. Halil was sitting on the couch watching TV, he turned up the volume of the television when the normal broadcasting was suddenly interrupted. They heard from the anchorman that the Turkish Armed Forces were attempting a military coup. Upon hearing that, they suddenly shook from head to toe, as if they had fallen suddenly into a hole while they were walking down the road. Military coup, weapons… Would this be even possible? Shock and anxiety slowly filled all the rooms of their house. Carnival of insanity had started in Turkey. The *salas*[4] rising from the mosques one after another and the noise of the fighter jets tearing the skies of Ankara filled their hearts with

---

3 An Islamic holiday celebrated worldwide each year. It marks the end of the month-long dawn-to-sunset fasting in the month of Ramadan. As it comes after a month of fasting, sweet dishes and food are often prepared and consumed during the celebration. Muslims typically decorate their homes and are also encouraged to forgive each other and seek forgiveness. In countries with large Muslim populations, it is normally a public holiday with schools and businesses closed.

4 Sala is the name of the special prayer call. The "specialty" of Sala prayer is due to the fact that it is not called every day, instead, there must be a special occasion to call the Sala prayer. Usually, it is called on Thursday nights to indicate that the following day is the holy Friday. It is also called when someone in the neighborhood dies.

horror. Nihayet got stiff due to anxiety. What was happening in their beloved homeland? What was going to happen? Erdogan was calling on people to clash against the military on the streets. Nihayet murmured, "What is this? Calling everyone to the streets? Is this desperate man trying to start a civil war?" They didn't yet understand what was going on, but it was clear that a catastrophe was in the making. And the approaching catastrophe had already determined its target, and it was thrilled with the pleasure of striking the fatal blow... Erdogan, who was hiding in a secluded area had connected to the TV stations and said that those who attempted the military coup were Hizmet people and that they would be held accountable for it. The frustrated Nihayet thought for a moment, could some Hizmet volunteers really have done such a thing? She asked her husband about it openly. Both of them were absolutely sure that this could not have anything to do with the Hizmet, whatsoever. "We are facing a huge slander," whispered Halil, "This is terrible. They will oppress and torture so many innocent people now." Halil meant the Hizmet volunteers who were working in government offices. How could he know that a massive witch hunt would soon spread across the entire country and hundreds of thousands of people would be targeted, regardless of whether they were government officials or not?

On that July night, demons poured out of the dark hole that suddenly appeared. Pure evil took over the streets one by one. Snipers, whose identity remained unknown, shot the people in their backs. The heads of the military students were cut off by unidentified murderers who then took selfies proudly in front of the corpses. Those military students had no idea whatsoever what was going on that night. They were just ordered by their superiors to load up some buses and then brought into the crime scene, like sheep to be slaughtered. The murderers with long beards stirred up the people the entire night and let the military officers be thrown into the dark waters of the Bosporus from the bridge hundreds of feet above. The bullets that came out of the dark corners took many lives. Those who died did not know why they died. Those who survived did not know who had killed whom. It was July 15, 2016, when that coup conspiracy happened and Turkey entered into a valley of pitch black. As such, all those who had been working for a bright future have been declared traitors and terrorists. "Turkey's greatest war of liberation was fought, and victory was won," Erdogan said of this massacre, in which the Turkish flag and Turkish soldiers were soaked in blood. His supporters applauded this dubious conspiracy frantically. They wrote epic poems for the murderers who killed the nation's own children. People of common sense wept blood that night. The earth and the sky were soaked in blood.

Later in the night, Halil called his friends. Everyone was shocked, no one knew what was going on. Halil was the principal of the Cemal Sasmaz Girls' High School and later that night the security personnel of the school called him. They said that the school was stoned by a group of people shouting and yelling, and that they were leaving the school ground because their lives were in danger. Lynchings all over Turkey had already started in a few hours without a single piece of evidence showing the relation of the Hizmet with the coup conspiracy. The situation was very grave and extremely worrying. "Call the police!" Halil told the security personnel, as this was what to be done in a country of rule of law. But the rule of law was no more! He wouldn't know that calling the police for help would not change anything. As a matter of fact, the police were a part of the overall unlawfulness that was going on in the entire country. He wouldn't also know that the very next day he would be declared a "terrorist". But he was still hopeful. According to him, there was a misunderstanding that would be corrected in a few days.

Whoever was behind this coup attempt would be soon caught and the Hizmet volunteers would be surely acquitted.

Halil did not sleep until the morning and constantly talked to his teacher friends on the phone. He was very concerned about the state of his school. He had to protect his school somehow, which had been built with so many good people's efforts and donations. But he was hesitant, too. The masses of people were stirred up, they were already stoning the school. They could easily lynch him if they knew that he was the principal of the school. But he couldn't wait any longer, so he went to check on the school. He could hardly control himself from crying when he saw what the mob did to his school. They had broken all the windows of the school, vandalized everything inside, and written swearwords all over the place. The building, which everyone was looking at with envy only until yesterday, was in ruins. Halil and the deputy principal walked through all the classrooms, which were pretty much plundered. To their great astonishment, they have found bags of illegal drugs and one-dollar bills[5] all over the place. Halil took refuge in God from the evil of the savage plotters who didn't even mind leaving drugs around to fabricate evidence. It was Erdogan's supporters who had put those drugs on the tables in the classrooms. Halil and the deputy principal entered each and every classroom and checked everywhere. When they

---

5 After the coup plot in July 2016, in Turkey, thousands of people were charged under terrorism laws in Turkey based on the evidence that they had one dollar bills in their possession. Court documents present pictures of one dollar bills with various serial numbers as criminal evidence against defendants who have become victims of a relentless persecution conducted against critics by the Erdogan government. The bills are said to denote membership in the secretive group, and their serial numbers are believed to have coded meanings. The use of a dollar bill as criminal evidence is a complete hoax produced by the government and was most likely concocted by Turkish intelligence to defame the group, add a flavor of mystery to negative campaigning against an outspoken group and justify its persecution.

finally returned to their homes, sounds of explosions and gunfire were still going on in the city. Halil tried to hide from his wife Nihayet the terror that he had just witnessed. His heart was broken into tiny pieces when he saw that the school was in ruins; so many kind-hearted people had contributed to build and well maintain that school over the years. When he was telling his wife how they had collected the drugs that were left by the mob and thrown them into the toilets, Nihayet could see his deep sorrow on his husband's face. They both felt like they were stabbed in the back. It was the end of the road, they had found themselves at a dead end.

That night, the educational institutions affiliated with the Hizmet movement were attacked and vandalized all over the country. They had set fire to a school in Pursaklar, Ankara. Everyone had the same question in their minds. Why was all this happening? What was the reason? Was it jealousy of the people and the government towards the decades-long beautiful achievements of the Hizmet movement? Perhaps it was just that Hizmet movement was in the path of those people and government authorities who wanted to use the religion as a tool to serve their self-interests. It is not known today how many schools were burned down during those days by those who saw vandalism as heroism and patriotism. How many thousands of books were trampled on and set on fire during those days? Nobody knows!

Seasons **Change!**

While the Hizmet people, who were accused of carrying out the July 15 coup, were stunned, Erdoğan and his team began their victory celebrations. Erdoğan was shouting in the city squares that they had saved the country from the enemy invasion. There have been many military coups in Turkey before and during none of those coups there was this much organized grudge and hatred in the public, not even close. According to Halil, even if a few people from the Hizmet movement were involved in it, that could not be the justification for the genocide against the millions of Hizmet volunteers. The persons who commit the crime would be held accountable, but the government had begun mass extermination. Although some believed in the plot of those who "killed with wolves and ate with shepherds", the Dinc family was aware of the truth. Whoever benefited from this coup was the perpetrator. Anyone with a little compassion and common sense could see the truth. There were a lot of unanswered questions about the coup. For example, was it possible for normal citizens to form mob groups and attack schools only a few hours after the coup began? Or who could reach tens of thousands of imams in the country in the middle of the night for the salas to be recited in the tens of thousands of mosques until the morning that night? And obviously, the list of judges and prosecutors who were suspended from their duties in a few hours should have been prepared well in advance. According to the Dinç family, the Erdogan government and its collaborating dark forces had planned and executed a great organized plot.

Lots of other utterly nonsense things. Possession of illegal drugs is a crime, yes, you can put them in someone's bag and that person can be imprisoned. But that one-dollar bill thing was absolutely crazy! According to Erdogan regime, keeping one-dollar bills in your possession was the secret signal among the coup plotters. According to him and his followers, this was the secret signal of the Hizmet people who were obviously American spies! In the New Turkey, you could put one-dollar bill into someone's bag and that person would be considered as a terrorist and imprisoned because of that dollar bill in his bag. Utter nonsense and absolute rubbish!

The very next day after the coup plot, the genocide has begun. The people who were torn apart by lions in the arenas in the old times have been replaced by the opponents of the government in this modern version. Many families were destroyed in the lawlessness and the supporters of the government watched the genocide with their mouths watering. Soon the prisons got full with innocent people, many of them were tortured. When they could not endure the torture and died, the regime said that they committed suicide. The Hizmet movement volunteers were subjected to all kinds of accusations from being American or British spies to Christian missionaries. No one in the entire country defended or supported them during this time period. Neither the religious leaders who consider themselves the protectors of Islam, nor the revolution-loving socialists, nor the progressive liberals… none of them said, "You can't commit genocide against these people, even if they have committed a crime."

In such an environment, it was very difficult to protect one's mental health. Nihayet, who already had a fragile psychology, could not stand this extreme tension. She needed psychological support. She was already on medication when she was pregnant with her youngest daughter. She could not stand what Erdoğan has done to the Hizmet people, especially the slanders of "traitor" and the very word FETO[6]. As Turkey was entering into a dark and deep chaos, her psychology got deteriorated like many others. It was indeed very painful to watch the innocent people getting hurt by the evil and not to be able to do anything about it.

Eventually, Halil decided to take his wife to a psychologist. He had made an appointment with a female psychologist thinking that Nihayet would be more comfortable talking to a woman. While waiting for their turn in the waiting room of the luxuriously furnished clinic, they were unaware of what was to happen soon. After some time, Nihayet was taken to the examination room, and Halil remained in the waiting room. Nihayet, like a timid sparrow, gently sat down on the edge of the chair and saw the psychologist woman who was staring at her. She immediately asked, "What is your profession?" Nihayet could not answer for a moment, she looked in front of her and just gulped. She was even afraid to remember her profession, which she was so proud of until only a few days ago. "I teach in a private institution," she said in a low voice. The psychologist gave a harsh look and frowned. While she was rudely handing a form to fill out to Nihayet, she asked with a loud voice: "Are you a member of FETO? Tell me the truth!" It was as if boiling water was poured over Nihayet's head.

She hadn't expected such a question, she stuttered "I'm not like that." Her hands and feet were shaking. The psychologist kept going: "What school do you work at?" Nihayet could not answer anymore, she was experiencing a new trauma there. The psychologist was looking at her pale face as if she was an alien

---

6 FETO is the name used by the current Erdogan government to describe the Hizmet movement as a terrorist organization. The Hizmet movement is based on moral values and advocacy of universal access to education, civil society, tolerance and peace.

from another planet, so far away...It was there that Nihayet understood that the sentence "I am just a Hizmet volunteer, I am not a terrorist" didn't mean anything anymore. The psychologist stood up and opened the door, signaling her to leave. "You are not welcome here, you are a terrorist, you have killed many people," she said, "Get out of here while you can, or you'll get into deep trouble!" So did Nihayet, she got up softly. She couldn't even say "I didn't commit any crime, how can I be a terrorist?" She just stopped for a moment and said "Where should I go? I'm not well. I need help." The psychologist said: "No one will help you in this city." She was laying the blame of the military coup on Nihayet and by doing so, she was thinking that she was a true patriot. While Nihayet was walking away, she was shouting behind her: "You don't even deserve to breathe! You can come back only when you are acquitted!" Nihayet would later regret that she did not spit in the face of this woman who was supposedly a well-educated medical doctor.

When Halil saw his wife's messed-up face, he quickly understood what had just happened. They left immediately. Nihayet was in such a bad psychological state that she was heading for a nervous breakdown. So much false and evil information were deliberately spread in a few days to the extent that Halil and Nihayet could be even lynched by some random people. The evil energy and hatred injected into the country was so intense, it had spread everywhere. The streets were not safe anymore. Nothing was the same as before, everything was sour and bitter. Poor woman was struggling with worries such as "They will stone us, they will lynch us, they will kill us!" Halil tried to calm his wife down. "Don't worry, we'll find another psychologist" he said. However, he was even more upset than his wife.

Televisions and newspapers were full of fabricated lies and slanders demonizing Hizmet volunteers. It was constantly emphasized how it was a supreme virtue to eradicate the FETO members who were not even human. A common feature of genocide perpetrators is that they first dehumanize the people they want to eradicate. History of genocide is not short of examples, Jews and black people were dehumanized in another time period. Those who commit genocide first "prove" that a group of people is "less than human", that they are "subhuman." Afterwards the self-legitimized witch hunt starts. The government and its media told so many lies for so long that even some Hizmet volunteers doubted themselves from time to time. "Did we commit a crime without realizing it?" some questioned. No, they haven't done anything illegal! Only fools and evil-hearted people would believe that volunteering for community service and making donations to charities were acts of crime. All in all, the people of reason and conscience agreed that a horrible and evil plot was going on. However, the Pandora's box was already opened and the immorality and corruption had already started. Even in the mosques, the religious leaders were shouting to the masses of ignorant people: "You can destroy the houses of the FETO members, you can take their women, you can shed their blood, have no mercy on them, not even on their children!" The rule of law was so gone and there was such an anarchy all over the country that you could easily kill anyone that you wanted to kill and then tell that he was a FETO member. You probably wouldn't get any penalty for it.[7]

---

7   Decree Law No. 6755 dated 8/11/2016 on the Measures to be Taken within the Scope of the State of Emergency.

Article 37. (Paragraph 1) **Legal, administrative, financial and criminal liabilities** of the persons who have adopted decisions and executed decisions or measures with a view to suppressing the coup attempt and terrorist actions performed on July 15, 2016 and the ensuing actions, who have taken office within the scope of all kinds of judicial and administrative measures and who have adopted decisions and fulfilled relevant duties within the scope of the decree laws promulgated during the period of state of emergency **shall not arise** from such decisions taken, duties and acts performed.

When they realized that things were getting really risky, Halil and Nihayet decided to leave the house they had just moved into. One morning, they prepared a few suitcases and together with their children they went to the house of their relatives living in Gölcük which was around 200 miles away. But then again, it was not safe there, either. Many people in that neighborhood knew that they were volunteers of Hizmet. It was risky that their car was parked in front of the house, anyone from the neighborhood could report them to the police. So they couldn't stay there long and returned home, helplessly. Fortunately, they had moved into their house only a week before the coup. Probably the police would look for them in their old house. Nihayet did not tell her neighbors that she was a teacher, and Halil said that he was a retired teacher who had worked in a public school[8]. The husband and wife who had never lied in their lives had to lie now to protect their lives and the lives of their children.

Meanwhile, Halil continued to meet with his former colleagues and teachers from his old school, and despite everything, he was trying to help them. Nihayet, who could not have access to psychological support, could not remain calm and focused, especially when Halil was not around. She started using a sedative that she had learned about on the Internet. Those days were challenging. Halil was a very naive person. He could endure many things in life, but he just couldn't take being

---

(Paragraph 2) Provisions of paragraph 1 shall also be applicable to those individuals who acted with the aim of suppressing the coup attempt and the terrorist activities that took place on July 15, 2016 and actions that can be deemed as the continuation of these, **without having regard to whether they held an official title or were performing an official duty or not.**"

8 After the coup plot in July, 2016 Erdogan government shut down around 2,300 private schools and educational isntitutions. Around 40,000 teachers have been dismissed from their jobs.

called a "terrorist". When they were in Gölcük, he had tried to explain to his sister what was really going on in the country, but their relatives were believing whatever they were hearing in the government-controlled media. After all, the president of the country wouldn't lie about anything, would he? Halil kept explaining that Hizmet had nothing to do with the coup plot, whatsoever. He said, "Even if, and only if, a few people were involved in this crime, what does it have anything to do with the rest of us?" Alas! Even some of his family members believed that he was a terrorist. They were being accused of crimes they had not committed, with no proof or evidence whatsoever, and then socially lynched. He was feeling extremely sad because he could not convince even his closest family members. In a short amount of time, he had lost around 30 pounds of weight. He had a blood pressure disorder, and the severe eczema on his hands needed to be treated. But he couldn't go to see a doctor to avoid the risk of being arrested. He was frequently crying, not for his own situation, but for the thousands of innocent people who were arrested and for the schools and other educational institutions that were either destroyed or seized by the Erdogan government. Even the teenagers and children who were attending those schools were labeled as traitors. Despite everything, Halil tried to help people who were victimized during this time period. He tried to find financial support for the women whose husbands were imprisoned and who were left alone with their children, helpless. Nihayet was joining his husband's efforts to find provisions and bring them to those who were in desperate need. Halil would frequently encourage his wife to invite the needy people to their house for dinner and moral support. Even the people whom they invited to their home were reluctant in coming, but after all, they had to hold on to each other. Those were the times when there was no benefit, no help from friends, even from the family members. Nihayet and Halil's family members were not supporting them in their cause, but at least they still cared for them. Halil's mother sent a thousand liras each month to them, although she herself had a limited income.

With each passing day, their situation was getting worse. Their warm home was a trap for them now, a ticking bomb. Not long after, Halil said, "We haven't changed our residency from the earlier address to this address, but the electricity and water bills are on my name in this new address. So, they can find and arrest me here anytime. I have to hide." Some time ago, they had learned that the police had a raid at their former apartment. They even had broken the door of the apartment and when they couldn't find them there, they had gone from door to door around and asked about the whereabouts of Halil and Nihayet. Nihayet was also at risk, but she could not leave their children unattended. Halil, who was accused of being a member of a terrorist organization, took a couple of pieces of clothing and left. That is how his days of hiding began in his own homeland in order not to be taken captive.

The Branches of the Shade Trees Wither!

Turkey's star was once shining in the Middle East and the country was moving towards a more democratic system. And now, its shining light is put out and a dark period has begun. Thousands of judges and prosecutors were dismissed from their jobs, the rule of law was no more. Anything that Erdogan said has been considered law in this New Turkey. Hizmet volunteers, even their children, were labeled as terrorists and a genocide against them was in the making. Halil and Nihayet's three children received their share of this witch hunt. Each of them was scattered to a different corner. The eldest son was studying law at Fatih University. He had an exceptionally good performance in the nationwide-held university entrance exam and was receiving full scholarship. After the coup plot, Fatih University was shut down by the government[9]. It was only after some time that he was admitted to the Ankara University, which was around 300 miles away from Istanbul. Their daughter Ahsen was to start the tenth grade in a Hizmet high school. Her school was also shut down and she got transferred to the Ankara Gazi Anadolu High School. Their younger daughter started fourth grade in a neighborhood school. The children who should have been protected by the state were discriminated against and persecuted by the state. The ignorant people, who thought that the AKP government was the state itself, were more royalist than the king himself. If Erdoğan were to tell them to beat the Hizmet members, the ignorant people would go and kill them. The children, whose parents were known as Hizmet volunteers were beaten and

---

9   After the coup plot in July, 2016 Erdogan government shut down 15 private universities.

pushed around by their friends. The evil that had grown secretly inside the people was spreading to the cities and towns like a pus flowing from an open wound. Every society creates its own dictator. According to Halil, if it were not Erdogan, someone else would have declared his dictatorship, using the corruption and fascism in the society.

Halil, who had to hide like a ferocious criminal, helped the needy people even when he was in that situation. He brought money to them. According to Nihayet, he pursued goodness until his last breath. He was so faithful and truehearted. Once he had told Nihayet: "I am not in jail, but I can feel all the suffering my dear friends in jail have to deal with." He just couldn't accept all that was going on. He had written a poem with the title "*My people got me all wrong.*[10]" He would read it from time to time and cry.

Halil would come to see his family every 4-6 weeks and could only stay for a few hours. Even the phone conversations were only occasionally. One day, his friends with whom he was hiding in the same apartment brought Halil's belongings and gave them to Nihayet, saying "We have not seen our brother Halil for a week, our hiding place is exposed, the police is around, so we are evacuating the place." Nihayet asked in tears, "Where is my husband?" They didn't know. Apparently, Halil had seen the police around their apartment and he had just run away. When his friends handed out his belongings and a few clothes to Nihayet, she had burst into tears assuming that something had happened to her husband. Until she was later informed where her husband was, her heart was in her mouth. Would living in constant fear and anxiety be considered as living? They were fluttering helplessly as if they were in the

---

10   See page 60 for the poem.

agony of death.

It was obvious that they could not continue in this way, they couldn't take it anymore. As Erdogan strengthened his dictatorship, he was intensifying his witch hunt. The police could come to detain Nihayet any day. Most of the teachers they worked together with were detained. They were getting prison sentences of many years. Halil was sought by the police for leading a terrorist organization. If caught, he would receive a penalty from the maximum level. The accusations against Nihayet were having a checking account in Bank Asya, subscribing to Zaman newspaper, and teaching in a private school [11]. In short, husband and wife would be prosecuted for membership of FETO [12]. Prosecution, of course, is just a figure of speech. There is no rule of law anymore in New Turkey. It was certain that they would be imprisoned for years.

They were trapped. Their children were extremely affected by all these traumatic events surrounding them. The family had to do something to find a way out, get their freedom, and live a regular life. Every time there was a knock on the door, they were panicking and trying to figure out behind the curtains, who was outside. The evil that had descended on the streets on

---

11 Tens of thousands of individuals were trialed in "July 15 related" courts, most of them were found guilty and sentenced for imprisonment, for the acts which did not constitute a criminal offense under the law in force at the time it was committed, or even at the time of those trials. Some of those so-called "criminal offenses" were being subscribed to the best-selling newspaper in Turkey, Zaman, which was in circulation since 1986; having an account in Bank Asya, which was one of the biggest banks in Turkey since 1996; and choosing the schools affiliated with Hizmet Movement for your children to attend. Inviting your friends to your house or visiting them in their houses on a regular basis was also considered a crime.

12 FETO is the name used by the current Erdogan government to describe the Hizmet movement as a terrorist organization. The Hizmet movement is based on moral values and advocacy of universal access to education, civil society, tolerance and peace.

the night of July 15, was now going from door to door hunting innocent people. How could they not be worried when some of the innocent people were killed by the police by throwing them down from their apartment balcony? Halil said one day, "We better leave Turkey, there is no way that law and democracy will return to this place for a long time." They knew about people who went abroad and fled the country.

Halil was hesitant at first about leaving Turkey. Where and how could they go? Would they be better or worse there? He thought about all possible scenarios. They had to make sure that it was a country where the rule of law was upheld and they would be safe living in it. Everything else could be taken care of eventually. When they finally decided with certainty that they had to leave Turkey, Halil secretly inquired about how they could cross the border. During one of their meetings, he looked his wife in the eyes and said, "Nihayet, we will leave soon." Many people were caught and arrested, and some had even lost their lives when they were crossing the border. Nihayet knew that, so she said: "You have a U.S. visa, you can leave Turkey without us, then we can join you." They had heard many sad stories of the people who crossed into Greece illegally. One woman whose husband had already left for Germany had decided to cross the Turkey-Greece border together with three small children under inconceivable difficulties[13]. Soon afterwards, she had a heart attack and died. Nihayet was also getting worried about her health. Her psychology was already greatly shaken, she couldn't bear all the

---

13 Esma Uludag, a mother of three children aged 3, 7 and 10, was a civil servant in a district governor's office in Izmir province until she was dismissed over alleged links to the Hizmet movement by a government decree issued under an ongoing state of emergency declared in the aftermath of a controversial military coup plot on July 15, 2016. Together with her three children she crossed the Maritza River and sheltered in Greece. Soon afterwards, the 35-year old woman passed away following a heart attack.

difficulties waiting for them. Upon hearing the suggestion of his wife to go to America alone, Halil said in a loving voice, "Nihayet, we will not separate from each other. We will be always together, no matter what. We will overcome these difficult times together."

For the next two months, Halil tried to find the money that was necessary for the very difficult journey ahead. They needed lots of money not only to cross into the Greece but also for afterwards. For a long time, they have been paying out of their pockets for the daily necessities. They had a small amount of saving in their bank account, but that bank was shut down by the government and all the accounts were confiscated [14]. They had nothing but a car that they could turn into cash, so they sold it for around $6,000. Meanwhile, the social media was shaken by yet another devastating news. A mother and her three small children had lost their lives drowning in the cold waters of the Maritza River, while they were trying to escape from Erdogan's genocide in Turkey [15]. Poor mother was working as a teacher before the coup conspiracy and then lost her job by a government decree. When they had found her lifeless body, she

---

14 Ordinary transactions in the legally authorized, strictly regulated, professionally administered and independently audited Bank Asya were described as indicators of terrorist acts by the Erdogan government. On February 12, 2018 the 16th Chamber of the Supreme Court of Appeals ruled that depositing money in Bank Asya after January 2015 alone was enough to punish people affiliated with the Hizmet movement as terrorists even if there was no other proof showing the person's connection to the movement. After this decision, people who deposited money to Bank Asya started to be prosecuted with a demand of at least 6 years of prison time.

15 English teacher Hatice Akcabay (36) and her husband Murat Akcabay (36) first lost their jobs, when their school was shut down by Erdogan government after the coup plot. Murat had to go into hiding for 23 months, fearing being arrested. At midnight on July 18, 2018, while trying to cross the Maritza river to Greece, their boat capsized. Hatice and her three sons Ahmet Esat (6), Mesut (5), and Bekir Aras (1) died in the waters of Maritza. While the bodies of Hatice and two chiuldren were found, Ahmet Esat's body was never found.

was holding her baby in her arms tightly. This news had a big impact on Nihayet. She cried so much for that mother and her children. What if she had lost her children as well? How could she cope with that? She told Halil that she changed her mind: "I don't want to take the risk of Maritza River, it is very dangerous." Halil tried to convince his wife, but he was fearing for the safety of his family members, too. They were wrestling with what felt like an impossible decision. Both options involved huge risks, including death. And they couldn't talk to anyone about their plans, not even to their immediate family members. Many people were arrested by the police because their parents or other family members had reported them to the police. It was really such an extraordinary time period.

That last week in Turkey was so stressful. Her kind husband constantly encouraged and comforted Nihayet "My dear, you know that the time of death is already predestined by God, and it doesn't change. If it is our time, we will die regardless of where we are, whether we are at Maritza or sitting at home. May God protect our lives and our children's lives. We must leave Turkey immediately, there is no other way out. Each day, they arrest so many innocent people, they torture and kill them in prison cells. We cannot simply sit and wait for them to come for us."

A few days before their departure, Halil wrote a poem and titled it as *"I crossed the Maritza, with a heart full of joy."*[16] He read it to his wife. Nihayet smiled and said, "Well, you haven't yet crossed the Maritza, have you my dear?" Halil said: "I wrote this poem for all those who crossed it. They have been on a blessed path." Halil had studied literature in college, he had a quite sensitive soul. Nihayet was packing for the road, she paused for a while, sat in a corner, and listened to the poem several times.

---

16   See page 58 for the poem.

Then she said: "Oh God, it is really beautiful. But how could you feel it like this, as if you have already been there?" Halil looked at his wife with a bittersweet smile. "My heart has already set off down the road, my dear." Nihayet was very impressed. Her beloved husband Halil had already crossed Maritza in his mind. This poem gave her strength in a strange way. She knew it very well, but it felt good to hear it again that their path was indeed the right path. On this blessed path, she should not feel any fatigue or sorrow. She thought: "We have never committed any crime, we have been slandered and oppressed. Why should our hearts be not full of joy?" They were innocent, it was their right to have a joyful heart. They would cross the Maritza River with a joyful heart indeed. They would leave Turkey joyfully. Their hearts would be full of joy and peace, regardless of what happens to them on this blessed path. Even if they were to die, they would do so in joy and peace, being fully content with their Lord. All their lives, they had not even harmed a branch of a tree, let alone a human being. Their minds and hearts were at ease before their Lord, and yes it was their right to have joy, to be happy and to smile. This was how Nihayet was thinking. After a while, she got up and continued packing.

Births Are **Painful!**

It was time. They were in contact with the human smugglers who would help them to cross the Maritza. There was a long way to go in front of them, hiding in silence. Their last days in Turkey were emotionally very painful. They had to borrow some money from a few people around and asking for it was something that Halil was not quite used to do. He was not arrested and tortured during all those days, but every passing day was a psychological torture. He had always lived a simple life and was content with what he had. Asking for money from people had exhausted him deeply. Sometimes he was thinking of the possibility of his entire family suffering if things take a wrong turn and the very thought of it was giving him severe anxiety. The entire family was in an extremely tough situation. It was as if their bones were intertwined like a baby whose days in the mother's womb were over and who entered the birth canal. They were either to live or to die. Contacting the smugglers, sending money, arranging meetings were like scenes from a thriller movie. You were giving lots of money to people whom you didn't know anything about and you were at total mercy of them. They could deceive you in many ways, they could even report you to the police after getting your money. But they had no other choice, they were moving forward on this dark path, blindfolded, feeling around with their hands…and the path was swarming with evil.

It was July 30, 2018, when they left Turkey crossing the Maritza, together with a few other families. It was quite difficult for them to arrive to the bank of the Maritza, however they did not have too much trouble while crossing it. Nihayet said to her husband, "We passed the Maritza very easily, thank

God we survived this test. But we left our dear friends behind, and I kind of feel embarrassed. Was it a mistake to leave them behind? May God forgive us." Some of their close friends were in prison. Halil and Nihayet were trying to take care of their wives and children. But the overall situation in Turkey was getting worse and worse with each passing day. The police were looking for Hizmet volunteers everywhere. Tens of thousands of Hizmet volunteers (government officials, teachers, doctors, academics, journalists, businessmen) were already arrested. In order to imprison more Hizmet volunteers, the government had passed a law and released tens of thousands of criminals, thieves, murderers, and rapists from prisons. Halil reminded his wife one more time that they would be of no use to anyone if they were arrested.

Shortly after crossing the Maritza, Greek police detained them. Halil and Nihayet were quite surprised when the Greek police treated them very kindly. They were very impressed by this humane attitude, which they had not seen in their own country since a long time ago. They were no longer the objects of the powerful and lawless politicians' hatred and animosity. They were finally in a land where the rule of law was upheld, and this was all they ever wanted.

While they were waiting under custody in a Greek police station, they witnessed the tremendous brain drainage from Turkey. Every hour, new families were brought to the police station. They were well-educated and highly-skilled individuals leaving Turkey behind, medical doctors, lawyers, judges, nurses, teachers, and many other professionals. Never in their lives they had committed a crime. On the contrary, they were altruistic and selfless people who had supported charities and educational organizations. They all had different stories to tell. Halil and Nihayet listened to so many sad stories, at some point they forgot their own troubles.

Halil was a compassionate person. He was trying to give moral support to everyone around whom he had just met in that Greek police station, including the refugees of other nationalities. Despite his young age, his hair was white, so everyone was treating him like a big brother or a father-motive. They met a Kurdish family from Afrin. During the Afrin operation, Turkish soldiers had raided their homes. Tired of endless clashes, they made their way all the way from Syria to Greece. Halil knew some Kurdish because he had worked in the city of Van for several years. He tried to explain this family that all the fights around were mostly because of the governments and that the people of different nations were not enemies of each other. He said, "There is room in this world for all of us." He was a champion of love according to Nihayet. He had dedicated his life to bringing love and brotherhood wherever he went.

Halil and his family stayed in a closed and controlled refugee camp first, then they moved into an open camp and stayed there for six days. There were young men from Pakistan in the camp, wearing shabby clothes, looking miserable with their hands and feet covered with wounds they received while they were climbing over the barbed-wire fences on the border. Upon seeing them, Halil said to Nihayet: "Have you noticed that most of these refugees are Muslims?" He was very upset about the miserable condition of the Muslims. Halil asked one of these young men to call the adhan[17] before the daily prayers. They were all praying together in a congregation. He was trying to communicate with them even if only in a few words.

Halil's illness had progressed while they were staying in the closed camp. He was suffering from severe headaches. Nihayet thought it was all due to stress and constantly gave him

---

17 Adhan, Arabic, is the Islamic call to prayer recited at prescribed times of the day, summoning Muslims for obligatory prayer.

painkillers. She did not know how serious his health problem was. But then again, what could she do if she knew anyway? When they moved into the open camp, the headaches seemed to diminish. At least he was relieved a little. While they were waiting to be released from the open camp, the camp officials transferred Halil and his family to another place. It was so dark inside as a dungeon, no sunlight whatsoever. Their morales were so shaken there, Nihayet went through a panic attack. Thankfully, they stayed there only for one night and then were released. The police gave them some general information and then said they were free to leave the camp. They had mixed feelings, including a sense of relaxation, anxiety, fear, and hope. They seemed to be climbing a ladder, the steps of which were getting steeper and steeper. It was not easy for them to find their way to Athens. The language barrier was making it very difficult to communicate. They needed so much help with so many different things, big and small. But they just couldn't express themselves. As if they had fallen into oblivion, as if they were buried alive…feeling like they can't get enough air despite deep breaths.

They reached Athens with the help of Hizmet volunteers who had come there before them. They didn't like it there at first. The streets were dull and cold. Gray walls, words written on them with different alphabet… different people with different culture. They knew, though, that the problem was not Athens. Their hearts were so broken and mournful, they would hurt and feel cold wherever they would go, regardless of where they might be.

In Athens, they settled in an apartment arranged for them by a few Hizmet volunteers who were relatively doing better financially. They were to stay there temporarily and with another family together. This apartment was serving as a guest place to the Hizmet volunteers who had recently escaped from

Turkey. It was a place blessed with the gratitude of so many needy people where they stopped and took a rest after crossing the Maritza, risking death of themselves and their loved ones. They stayed in that apartment for three days. Meanwhile, Halil prepared the documents which was necessary for them to continue their journey. The unemployment rate in Greece was quite high, so it would be very difficult for them to stay there and to find a job. Halil thought it would be better if they were to settle in another country.

It was not surprising that nobody in the family was happy to hear the news when Halil told them that they were leaving on Wednesday. They had just crossed the Maritza. They were extremely tired, both mentally and physically. Halil was perhaps the one who was exhausted the most. Maybe that's why he wanted to reach their final destination as soon as possible and settle in there. It was not the time to stop. They had a beautiful life back in Turkey, but those days were over. Their lives were taken away from them by the Erdogan government. They had to start a new life where they could enjoy the beauty of ordinary days together with their children.

Well, they couldn't leave on that Wednesday. They were detained by the police due to the fake documents they had to use to travel. When they were released hours later, they returned to the same apartment like exhausted warriors. He did not show it much, but Halil got very upset and worried. He didn't sleep that night, he took out all the money they had and counted it again and again. He told his wife, "Nihayet, we don't have much money left. With what we have, we can try to leave Greece again, but only a few more times." Nihayet felt so sorry for her husband. Although she was very sad herself, she said "Don't worry my dear, Allah is with us! He will show us a way."

It was a hot summer evening in Athens, the hum of the city was filling the living room through the open windows. The husband and wife were sitting on the couch. They were in deep thoughts, looking up at the sky through the curtains flying in the wind, and sighing every now and then. They were in a place and in a state they could not have even imagined only a few years ago. Well, things could always be worse, so they prayed to God for the better. They had pretty much nobody as a protector except their God. After a while, they tried to sleep a bit.

No one could know it of course, but the following morning was Halil's last morning in this world. The family with whom they shared the apartment had gone out for breakfast. So it was Halil, Nihayet, and their two daughters Inci and Ahsen, together. Their son Ihsan was still in Turkey. He was 22 years old, he could easily join them later when things were to settle down.

Halil was cheerful that morning, he had prepared a nice breakfast for his family. That was their last breakfast together. After breakfast, Halil and Nihayet went to the grocery store first and then to the farmers' market. Halil had purchased lots of things that day, more than usual. Nihayet cast a glance at him. Was he a little too cheerful? Much later, she has thought about it a lot. The joy and enthusiasm on her husband that day was perhaps the joy of approaching the world beyond. Why not? He was a man of faith, a believer. Inspirations could come down to a heart of pure faith when it was time for that heart to finally meet his Lord. On the way back from the market, Halil said all of a sudden: "Come, my dear, let me hold your hand, it is all right." It had been so long since she had done it. Well, she smiled as she extended her hand. They returned to their apartment, hand in hand.

Their older daughter Ahsen was feeling down that day.

Upon noticing that, Halil said "My dear Ahsen, how about we go out to eat gyro, just you and me, father and daughter?" Well, would they be able to go out? For every living person, there is indeed an hourglass, and the sand in it is passing from the sky to the Earth, slowly but constantly. How much sand is in your hourglass? You could learn it only when the sand runs out. The last sand particles were coming down for Halil, his time in this world was running out. In his last minutes, he had a clean shave. It is right then, in the bathroom, that he stopped, grabbed his chest, and called out to his wife "Nihayet! I don't feel good!" These were his last words. His wife, who was putting laundry in the washing machine, saw him collapse on the bathroom floor. Totally bewildered, she called out to Ahsen in panic. They tried to carry him out of the bathroom. Ahsen was calmer than her mother, she performed CPR on her father. Her younger sister Inci came to the screams and began to cry in fear. For minutes, they fluttered desperately like birds. The only sign of life was the vague wheezing sound in Halil's throat.

Nihayet ran out and banged on the doors of the apartments in the building for help. There was no one around but a Japanese lady, and she just couldn't understand what was going on. Then, Nihayet called her Turkish friends, "Please help! Call an ambulance! Halil collapsed!" Precious minutes were passing by and no ambulance was in sight. Halil was wheezing and the city of Athens was listening to it.

Inci, a 12-year-old at that time, with her face as white as a ghost out of fear and shock, was jumping around and screaming: "Daddy, don't die! Don't die, please, don't die!" Ahsen's tears were falling on her father's face. Nihayet went out to the balcony of the apartment and shouted as loud as she could. People from around came running to help, but they had difficulties to understand the situation. Nihayet shouted "Ambulance! Ambulance!" A neighbor next door called for an ambulance.

Another half an hour passed. Halil was not wheezing anymore, his heart had stopped. The sky had fallen that day. Ahsen burst into tears, "Mom! I couldn't save my father! He died!" Nihayet screamed, begging her daughter: "Don't say that, please, don't say that!" They were crying their hearts out.

Death!
The Wall That Suddenly Appears!

Many Hizmet volunteers rushed from all corners of Athens. Meanwhile, the ambulance finally came, and after the first medical treatment, they took Halil to the hospital. The sun was glittering in the blue sky of Athens like a diamond, but for Nihayet and her daughters, it was all pitch black. They were exhausted from crying. Their friends were trying to comfort them. Nihayet just couldn't understand why Halil had left her all of a sudden. Why would he do that? Why? He had told her only a few days ago that they would never separate from each other. And what if he really died? The mere thought of it was enough to give the poor woman a panic attack and fill her eyes with ears. Perhaps her friends who were trying to comfort her were right, perhaps her husband would recover soon and return home in the evening. Halil wouldn't leave them here just like that. He didn't have the right to do so. Nihayet was holding on to the last pieces of hope that she found in her heart. She had to hold on or else she could fall into a deep and dark hole. She had looked at the pale face of her husband one last time, while they were taking him out of the apartment. One of her daughters had said, "My father's face was so white, mom." Her friends said that Halil was taken to the intensive care unit, but they didn't give any details. They prayed and prayed to see Halil's smiling face again.

Not much time has passed before Nihayet convinced her friends to take her to the hospital. Meanwhile, she texted to her friends in Turkey "My husband had a heart attack, please pray for him." Only much later she would learn that the news had already spread on social media and people were already posting that "Halil Dinc has passed away." The ray of hope which kept her heart warm came to an end when they arrived to the hospital. Because they took the poor woman directly to the morgue. She was shivering out of sorrow in the coldness of the morgue. She could barely walk with her trembling legs to where her husband was lying. Upon seeing his pale face, she collapsed on the cold floor.

It was recorded August 16, 2018, when Halil Dinc died. Actually, it was the day when he was murdered! Yes, he was murdered! For two years after the controversial coup plot on July 15, 2016, Halil could not go to a hospital to see a doctor because of the risk of being arrested, imprisoned, and tortured [18]. He was suffering from constant headaches and high blood pressure, yet he couldn't get any medicine. There were wounds on his hands, his fingers were bleeding frequently. He was using over-the-counter medicine that he thought they would help somehow. There is a saying in Turkish: "It is moisture which destroys the wall. It is grief which destroys the human." The frail heart of Halil couldn't endure all the injustice and all the sufferings. They called it a heart attack, but Halil died from extreme grief [19]. The Erdogan government had taken everything away from this innocent man; his job, his house, his reputation, his homeland, his freedom, and his hopes. Yes,

---

18 Turkey has experienced a marked resurgence of torture and ill-treatment in custody over the past six years and especially since the coup plot on July 15, 2016. Lack of condemnation from higher officials and a readiness to cover up allegations rather than investigate them have resulted in widespread impunity for the security forces.

19 Takotsubo cardiomyopathy is a weakening of the left ventricle, the heart's main pumping chamber, usually as the result of severe emotional or physical stress, such as a sudden illness, the loss of a loved one, a serious accident, or a natural disaster. It is a sudden and acute form of heart failure. Symptoms can be similar to a heart attack.

they did not kill him with a gun. They killed him slowly, day by day, bit by bit. He was treated so unjustly, not only by the Erdogan government but also by the people of his home country. He had written poems, using the blood of his broken heart as ink, and said *"My people got me all wrong."*[20] When Erdogan government labeled him and hundreds of thousands of innocent people like him as terrorists, the majority of the people had approved it. They had never questioned how these volunteers of kindness could be terrorists, when they could not even harm an ant. What is more is that the majority of the people had applauded the Erdogan government when a genocide against the Hizmet was in the making. Halil was just another victim in the genocide of the Erdogan regime.

Death is like a wall that suddenly appears in front of you. You crash, you are thrown away, and sometimes you are trapped under the rubbles of the wall. Nihayet loved her husband very much. Halil was her support, her rock, her dear husband, her only love. Only a few hours ago, she was walking on the streets of Athens together with him, hand in hand. And now, she was all alone with her children, in a foreign land, the language of which she didn't even speak. Nihayet could hardly breathe, her loss and her pain was unbearable. For a moment, she couldn't carry the huge disappointment in her heart anymore and she reproached him: "I wish I had not known you, I wish I had not loved you." Then, she just wanted to die. To die and to disappear, and not to feel anymore. She desperately needed to leave everything behind, all the injustice, all the sufferings and tribulations of the world. But then she remembered her daughters. She was a mother full of compassion. It was not time for her to die. She had a firm belief in God and in the Hereafter. She prayed one more time, with full devotion: "Oh God, help me!"

---

20   See page 60 for the poem.

After a while, the doctor advised a sedative injection to calm Nihayet. Even after the injection, she kept talking in delirium, calling out to Halil: "Come back, please come back!" Halil couldn't hear her, he was far away, in the land of no return. Her friends took Nihayet out of the hospital. Her dear Halil was in an icy morgue, and Nihayet's icy heart stayed in that morgue. There was no warmth left in her heart. On the way home, she thought about how to give her children the news of their father's death. The Hizmet people living in Athens did not leave the family alone for a moment during these difficult times. When they arrived home, Ahsen looked at her mother, who couldn't even cry anymore. When she understood that her father died, she fell down and fainted. They had to invite home a psychologist to tell Inci that her father died.

Nihayet was sobbing: "Why did you leave me alone in this wilderness, my dear Halil? If you were to leave, why did you bring me along here?" Then she remembered their conversations from years ago. Halil had already given the answers to her questions more than twenty years ago when he had proposed her: "Nihayet, one day I may leave you alone with three children and go to jail, I might even die. So, do you still accept my marriage proposal?" She had accepted it and held his hand. Yes, on that day, she had accepted all the challenges and risks, but she just couldn't take it now. She was burning inside. She was exhausted emotionally so much, she couldn't even cry anymore.

It was the next morning, another day had just started with all the hustle and bustle. For the Dinc family, the top priority was to take care of the funeral arrangements. The first thing that came to their mind was to send the body to Turkey. Some of their friends around said that the Turkish government could cause some problems. Nihayet thought perhaps they should bury Halil in Greece. As a matter of fact, if Halil could make a choice, probably he wouldn't want to be buried in Turkey. He was so resentful, his heart was so broken. However, Halil's mother wanted her son to be buried in Turkey. She hadn't seen her son for two years. She said, "Let me at least be able to visit his grave time to time and hug his gravestone." Halil's sisters were also insisting: "Please send our brother back here." Nihayet could not remain indifferent to their request. They found a company which would take care of the arrangements in order for the body to be sent to the city of Trabzon in Turkey. This company had previously arranged the transportation services of several deceased Hizmet volunteers, from Greece to Turkey. Nihayet filled out the corresponding paperwork. However, the Greek authorities requested an autopsy for Halil. Although the family did not want it, this was the practice in the European countries. Hence, Halil's body stayed in a morgue in Greece for nine more days.

They thought that perhaps the Turkish authorities would not allow the Islamic rituals to be performed during the funeral service of Halil [21]. So they decided to perform those rituals here in Greece. They were told that they could use the washing service in a closeby Greek cemetery, so they took Halil's body there, but the service was not available that day. They tried several other places a few times, but all in vain. Then they found a Muslim Mosque far away and took him there. An Arab imam was going to perform the service. One of the Hizmet members, who was also a friend of Halil, said to Nihayet that he will participate in the service, too. Full of compassion, they washed Halil's body according to the rituals,

---

21 In Islam, the corpse is washed with the purpose to physically cleanse the deceased. Bathing the dead body is an essential ritual. This should occur as soon as possible after death, preferably within hours. The corpse is then typically wrapped in a simple plain cloth. This is done to respect the dignity and privacy of the deceased. The shroud should be simple and modest.

reciting prayers meanwhile. Nihayet felt good to see that Halil would know that he was not alone. It was the third day of the Eid al-Adha[22] that Halil's body was sent to Turkey.

Nihayet saw her husband one last time during the funeral prayer. She waved her hand and said, "See you in the Hereafter, my Dear Halil!" The grieving woman then passed out one more time. Her daughters kept sobbing: "You don't die, Mom! Please don't die!"

Halil's son in Turkey, Ihsan, was devastated by the news of his father's death. Upon hearing it, he had burst into tears and said "But how is this possible? I talked to my father only yesterday!" After the first shock, he remembered the conversation that he had with his father on the phone. The day before he passed away, Halil had said to his son "If you miss me, read the chapter Luqman[23] in the Quran[24]." Ihsan had responded: "But Dad, I am hearing your voice every day over the phone, why would I miss you?" Now he understood why he would miss his father. And he had already missed him so much.

---

22 An Islamic holiday celebrated worldwide each year. It honors the willingness of Ibrahim (Abraham) to sacrifice his son as an act of obedience to God's command. Before Ibrahim could sacrifice his son, however, God provided a lamb to sacrifice instead.

23 Luqman gave ten peieces of advice to his son, that is applicable now and can be followed and used by any parent wanting to raise a child in the light of Islam. They are as follows: Worship Allah alone, be good to parents, remember Allah's Might, perform the prayers, enjoin the good, be patient, be humble, don't be arrogant, be moderate, and lower your voice.

24 The Quran is the central religious text of Islam, believed by Muslims to be a revelation from God. It is organized in 114 chapters. The Quran was revealed by God to the final Prophet, Muhammad (Peace be Upon Him), through the archangel Gabriel incrementally over a period of some 23 years. Muslims regard the Quran as Muhammad's (Peace be Upon Him) most important miracle, a proof of His prophethood; and the culmination of a series of divine messages starting with those revealed to Adam, including the Tawrat, the Zabur (Psalms) and the Injil (Gospel).

A few friends of Ihsan helped him who received his father's corpse in Trabzon. But he was mostly alone during this difficult task. The young man, whose father was considered a terrorist, stood alone upright in the land of those who murdered his father. Persecution against innocent people was at its peak in Turkey, people could not even bury their dead because of fear [25]. Halil's son and brother-in-law were the only two persons in the airport of Trabzon to receive Halil's body. Halil's brothers were afraid of getting arrested, so they didn't show up. During the entire funeral process, other relatives all kept their distance, they were afraid. It was weird, because the worst possible calamity had already happened for them all, they were all living under a brutal dictator. They already had lost their freedom, what else were they getting afraid of? The authorities in the airport opened the coffin and let Ihsan identify his father. For Ihsan, it felt like the authorities telling him: "Take a good look, this is what we did to your father!" In the meantime, the mufti[26] of the Vakf-ı Kebir district of Trabzon had given notice to the imams[27] of the mosques in the district, "The ringleader of the FETO terrorists is in town, do not perform any funeral service for him, don't let them into the mosques." So the imams, out of fear from the government, rejected to perform the funeral service for

---

25 Since the coup plot on July15, 2016, it has been customary for the Turkish police to make arrests during the funeral services of Hizmet volunteers. Many Hizmet volunteers were also arrested, when they had to go to a hospital to receive treatment. Many pregnant women were arrested in hospitals when they were admitted to give birth. After giving birth, next day, they were sent to prison with their newborn babies.

26 A mufti is an Islamic scholar who is legally able to rule on various religious and personal matters. In Turkey, they are government officials working under the Directorate of Religious Affairs. The mufti represents the highest official religious position in a city or district.

27 Imam is the title of a worship leader in a mosque. Imams may lead Islamic worship services, serve as community leaders, and provide religious guidance.

Halil. Well, the thing is, if Halil had a choice, he would not let those imams of Erdogan perform any service for him, anyhow. Those imams were actually, and without knowing it, fulfilling the last wishes of Halil and other Hizmet volunteers who died as victims. According to Halil's belief, the funeral service that an imam performs would only discomfort the deceased person, if that imam would take anyone or anything as a god besides God. So, no funeral service was performed in the mosque for Halil. The *salat al-Janazah*[28] was performed in the yard of his father's house. It was one of Halil's close friends, Ahmet, an imam dismissed by a government decree earlier, who performed the prayer. Only a few people had attended when he was quietly buried in the family's cemetery plot.

---

[28] Salat al-Janazah is the Islamic funeral prayer; a part of the Islamic funeral ritual. The prayer is performed in congregation to seek pardon for the deceased and all dead Muslims. It is a collective obligation upon Muslims i.e., if some Muslims take the responsibility of doing it, the obligation is fulfilled, but if no-one fulfils it, then all Muslims will be accountable.

Goodness is the Sun of Life!

Hizmet volunteers in Athens helped and supported Halil's family. They didn't have too much themselves, yet they did their best to stand by Nihayet and her daughters: "We have the same cause, we are on the same path, we are brothers and sisters. What do you need? How can we help you? Please let us know." The kindness and generosity of the Hizmet volunteers brought tears to Nihayet's eyes. But she didn't know what to ask from them, she couldn't think properly due to the shock of what she was going through. It was as if she was in the middle of a nightmare that she wanted to wake up from but she just couldn't. She thought perhaps it was the best for them to go back to Turkey, but most probably she would be imprisoned there. She still let some of her friends contact a few lawyers to get their opinion and they said the same thing: "If she goes to Turkey, she will be almost certainly arrested." But what could they do in Greece? How could they survive? It was as if all the lights in her mind were turned off. Caught in the middle of a darkness, she didn't know where to go. It was as if she had reached the end of the world and if she took another step, she would fall into a very deep void. She grabbed her phone, called her brother, and asked: "What should I do under these conditions?" Her brother left the decision to her. She called her sister-in-law who said, "Come to Turkey! Even if you are arrested, you will stay in jail for a few years and then you will be released." She was saying it like it was easy to do so. Besides, being imprisoned was not the only difficult part. Many Hizmet volunteers were being mistreated and tortured in Turkish prisons. Even she were to be released years later, she would be always labeled as a convicted terrorist, she would be excluded from the society like a plague, she would be unemployed, and the chances were high that she would be arrested again for some other fabricated charges. It was so hard to decide. She was stuck between a rock and a hard place. Then Nihayet called an old friend of her husband, who said to her: "Do you know what Halil had said once: "I am so thankful that God did not let those despicables to put their hands on me." Dear Sister, if you go back to Turkey now, I think Brother Halil would be very upset."

Seeing her mother's hesitance, Ahsen said; "Mom! Dad tried so hard to get us out of Turkey in the last two months of his life. You have seen it all, he was in such a hurry, he wanted to leave Turkey as soon as possible. My father had a pure heart. Is it not possible that he felt somehow that he was going to die and that's why he left Turkey, with us together? Are we now going to return and surrender to those oppressors? Are we going to waste my father's efforts?" Well, Ahsen was so right. That's exactly what had happened. After that coup conspiracy on July 15, 2016, Halil had stayed in Turkey, even during the most troubled times. But then, after two years, he suddenly took an action and tried so hard to take his family to a safe place as soon as possible. If he had indeed sensed that he was soon going to die and this is why he wanted to rescue his loved ones from the oppressors, that behavior would be definitely befitting a person of compassion like Halil. For the grieving poor woman, it was so difficult to accept his death. He was the roof of her warm nest, her friend, her husband…he was her dear Halil [29]. It was as if a huge black hole had opened up in her chest. If she were not for a person of faith, this black hole could have swallowed Nihayet. "Oh my Halil, I wish you

---

29 The name Halil is derived from the Arabic word "Khalil," which means "friend, a close companion or a confidant."

would come back to me" cried the grief-stricken woman. On the other hand, his son was saying over the phone: "Mom, I can't even mourn for my father properly, because I am constantly thinking about you. How are you going to survive there now?"

The beloved brothers and sisters in Hizmet gathered financial aid among themselves for Nihayet and her children who decided to carry on the path that they had started together with Halil. A psychologist Hizmet volunteer was kind enough to offer therapy sessions to Nihayet. The generous Hizmet people found another apartment in Athens where Nihayet and her children could stay longer. After moving into that new place, Nihayet began to search for ways to reach another country where they could settle in permanently and live under law and justice. Staying in Athens was also an option.

Nihayet and her daughters wanted to share that new apartment with another family because the girls could not stay alone, they were getting scared. Every now and then, Inci was listening to the heartbeats of Nihayet and saying, "Mommy, if something happens to you, what will we do in Greece? How can we even take you to the hospital?" The fear of death had grown in the children, they were frequently checking their mother to see if she was okay.

Meanwhile, they decided which country they were going to try to settle in. It was Belgium, where the refugee conditions seemed to be relatively better. The path in front of them was full of hardships. They had to travel with fake documents and cross the borders illegally. This was so humiliating for them because never in their lives they had deceived others.

Ahsen's health was deteriorating, she was having frequent panic attacks. Having lost so much weight, she was barely 100 pounds. All those sufferings they had lived through had turned the girls' world upside down. They were telling their mother: "We pray all the time, but nothing gets better. Why does God not help us?" When things were all fine, when the sky was bright and blue, it was easier to have faith. When the sky turns dark, when it is cold outside, it was more difficult to keep that faith. Nihayet was worried about her children. She had always told her children that this world was only a place for tests and tribulations. Her daughters knew it, but living through it was a bit too overwhelming for them. Nihayet was constantly praying for the salvation of her children.

Six times they tried to get out of Greece and reach Belgium. They didn't succeed. At each attempt police was detaining them, putting them in a cage, and interrogating them. They were getting released later on, going back to the house they had evacuated, unpacking all the luggage, and starting all over again. The girls were getting so demoralized and worn out after each unsuccessful attempt, especially Ahsen. They were saying: "What have we done to deserve all this? Are we really bad people? Why do our friends live their lives and we suffer like this?" At the seventh attempt, Ahsen was alone and this time she managed to leave Greece and reach Belgium. She stayed in a place of a family friend. Nihayet was a bit relieved.

When Halil passed away, it was as if all Athens had collapsed on Nihayet. She had blamed Greece for everything. She was also very disappointed with Halil. But then, as time went on, she changed her mind. She was very glad that she had met Halil and married him. And she was also glad that she came to Greece together with him and did not leave him alone in this journey. No matter how painful it was to witness his last moments, she was happy that she was right there during those moments, next to him. Halil was a true blessing of God for Nihayet. She was honored to know him and love him. Now she would find consolation in the sweet dream of being able to reunite with him in the Hereafter. She would take care of her children and wait patiently.

Although her feelings were different at the beginning, later she loved Greece very much. She met many kind people and was very grateful for them. The landlords of both apartments that she stayed during her time in Athens were two Greek women who had lost their husbands a year apart. It was as if God had brought those women together, who had the same wounds and sufferings. They didn't speak the same language, and they didn't need to. Emotions had their own language. Many times, they hugged each other and cried together. They felt Nihayet's pain, and she felt theirs. Greece, with its kind and generous people, was serving like a bridge to freedom for those fleeing Erdogan's persecution in Turkey. Every single person who stayed in Greece for some time was filling with gratitude and taking it wherever they would eventually go.

They met so many good people in Greece. One day Nihayet went to an herbal store to get some herbal medicine for her sickness. It was a pleasant surprise for her to see that the shop owner could speak some Turkish. However, the things that he told her were quite disgraceful for the Turkish history. He said: "During the September 6-7 events[30] in Istanbul, Turks burned down many stores belonging to our Greek friends. We have

---

30 The Istanbul pogrom was a series of state-sponsored anti-Greek mob attacks directed primarily at Istanbul's Greek minority on 6–7 September 1955. A mob, most of whose members were trucked into the city in advance, assaulted Istanbul's Greek community for nine hours. Although the mob did not explicitly call for the killing of Greeks, over a dozen people died during or after the attacks as a result of beatings and arson. Armenians and Jews were also harmed. The police were mostly ineffective, and the violence continued until the government declared martial law in Istanbul, called in the army and ordered it to put down the riots. The material damage was estimated at US$500 million, including the burning of churches and the devastation of shops and private homes.

gone through so much suffering, the same suffering that you are going through now." Nihayet felt so ashamed, on behalf of those oppressors who had burned down the stores of Greeks and looted their property. That day, Nihayet thought that they had met real pain and suffering only recently. She came to realize that day, yet one more time, that cruelty and persecution were not the distinctive trait of one particular religious culture, ethnicity, or race. The evil was shouting sometimes *"Ein Volk, Ein Reich, Ein Führer!"*[31] and sometimes *"Allahu Akbar"* [32]. The wicked were abusing ideologies and using them as mere instruments for their sadistic interests. What really mattered was not what people were saying using gilded words, what mattered was what they did.

She was no longer wondering about "Why did all these happen to me?" Well, there was so much pain and suffering in the entire world, that it was inevitable that some of it would have fallen on her plate. She said to herself, "Nihayet, from now on, you must embrace all people, regardless of whether they are Muslims or not." As a matter of fact, this was already a requirement of the religion of Islam she believed in.

Life was teaching Nihayet a lesson, applied! With each day passing, she was getting absolutely sure that her purpose in

---

31 In German, "One People, One Country, One Leader!"

32 The words "Allahu Akbar" simply mean "God is Great." It is a powerful declaration used by Muslims on many occasions and in many prayers. The way "Allahu Akbar" often appears in the media seems to serve a nefarious agenda: to instill fear of anyone who utters the phrase and to raise concerns even about Islam itself. But a lone terrorist who shouts "Allahu Akbar" while murdering innocent people does not get to own that term. That is the biggest act of heresy to shout God's glorious name when committing the worst crime against God. The ones who get to own the term are those who live in a way that celebrates the greatness of God by obeying His commands and serving His creation, not those who openly disregard those commands and attack His creation unjustly. (excerpt from Omar Suleiman)

this life was to do good to everyone and never expect anything in return. She should rely on God and on God alone. She could see it clearly now how it was wrong to be attached to anyone or anything except God. Halil was a blessing given to her by God. One should appreciate God's blessings but always keep in mind that they are all temporary. The only permanent was God. At some point in life, one should understand how powerless one was, and understanding that was the only way to have real power in this world.

After burying his father in Trabzon, İhsan found his way to Belgium, too. He applied for asylum. After staying in the detention center for 2 months, he has received lawful resident status. Ihsan and his sister Ahsen moved in together into an apartment and supported each other. Nihayet and her younger daughter Inci stayed in Athens for four more months after Ahsen left for Belgium.

Your Freedom is **Your Homeland!**

One of the most difficult parts of doing something illegal was dealing with criminals. They had met with a human smuggler who earned his living at the expense of refugees. As if he was examining an item he was going to buy, he looked at Nihayet and her daughter, from head to toe. Nihayet felt great discomfort with his looks. Showing Inci with his finger, he said "I can't take this little girl across the border, she is too dark-skinned!" Thinking that her mother would go by herself and leave her behind, Inci opened her eyes in fear and shouted, "Mom! Are you going to leave me here?" Nihayet replied "Of course not, my dear! We will be always together!" The smuggler kept going: "The girl's skin is very dark, they might get suspicious, she can't get through passport control." Upon hearing that, Inci began to cry. Calming her down, Nihayet said: "Don't worry about anything! We can as well keep living in Greece. I will never leave you, never!" Then she turned to the smuggler and said, scolding: "We will pay you, will we not? You will take both of us out!" The smuggler, annoyed, made a face and left. In the next few months, Nihayet and Inci went to the airport many times and tried to take the plane to Belgium. Each time was a failure. They had reached the point where they no longer knew what to do, they were exhausted, both mentally and physically. They had lost all their enthusiasm, they were just dragging their feet on the way to the airport, because as Inci said, "they would soon come back from the airport, anyhow." 16 attempts, yes sixteen attempts! For sixteen times, they were detained at the airport. Inci was so shaken, she couldn't handle this stressful and overwhelming situation. She was constantly told that they needed to hide from the police, and they had to use fake names and ID's. Eventually, the poor girl found herself in a vortex of anxiety and depression. She had developed a phobia of airports and police. Whenever she was to see a police officer anywhere, her face was going pale and she was tightly holding her mother's hand.

After sixteen unsuccessful attempts, Nihayet and Inci were finally able to board the plane to Belgium. It was June 10, 2019. The whole family was together again, only Halil was missing. They cried and thanked God for completing this difficult journey. Nihayet called her relatives in Turkey and said: "Please go to my dear Halil's grave and give him my greetings. Tell him that his wife and children are all fine, in a safe country. Tell him that I am pleased with him. May Allah be pleased with him, too!"

In the last months of his life, Halil was making plans to settle in Germany eventually. This was what he was wishing for. However, in his destiny, he was supposed to turn back to Turkey in a coffin. He would have a grave in the land where those who sowed tyranny continued to reap death. Indeed, Erdogan government was the most hostile administration that Turkey had ever seen, hostile to its own people and homeland.

They are now staying in the apartment of Ihsan, who came to Belgium before them. With the help of the local government, Ihsan was able to rent a small place and put a few items in it. After a while, they will move to another house. After landing in Belgium, they did not have much trouble. According to Nihayet, God sometimes tightens His blessings, and sometimes He expands them.

Their bittersweet feelings probably will never go away. It will also take time to resettle. But they are hopeful for the future. They are like farmers who look at their land with hope when it begins to turn green after the long winter. As tiny little buds pop here and there, they get excited. They know that no matter how harsh the winter may be, spring will be there.

Nihayet frequently contemplates the past, she measures and evaluates the years that she spent together with Halil. To be tested with her husband was the most difficult one, according to Nihayet. She remembers him with a grateful heart and with a deep longing, praying constantly to God asking mercy for him. She understands very well that her beloved Halil was like a jewel, shining and showing the way for her. It's not easy to navigate in life without him. People around ask her sometimes what kind of person Halil was. Nihayet tells them about her husband with great joy. You know how we all like to talk about our loved ones to others. That is how Nihayet feels when she tells them stories about Halil, with joy in her heart and tears in her eyes: *"My husband went through so many difficulties in his last two years, and those difficulties cleansed and purified him. Allah had cleaned him so much that there was a light shining on his face. He had written about fifteen poems, some of which were unfortunately only saved on his phone. We could not unlock the phone and access those poems. We have only six of his poems in our hand. He mostly wrote about the truth and justice. His heart was beating for the people in his country who had been severely wronged. He wrote poems for those who were unjustly imprisoned, for those who had to leave their families and homes to escape from the oppression of the government, for all the schools and institutions that were shut down, and for the destruction of the entire country."*

Nihayet continues: "My husband went through so many difficulties in his last two years, and those difficulties cleansed and purified him. Allah had cleaned him so much that there was a light shining on his face. He had written about fifteen poems, some of which were unfortunately only saved on his phone. We could not unlock the phone and access those poems. We have only six of his poems in our hand. He mostly wrote about the truth and justice. His heart was beating for the people in his country who had been severely wronged. He wrote poems for those who were unjustly imprisoned, for those who had to leave their families and homes to escape from the oppression of the government, for all the schools and institutions that were shut down, and for the destruction of the entire country."

Nihayet goes on: *"That's life... When we first came to Greece, Halil had told me: "Nihayet, my mother is so old. If she dies, I will not be able to go to her funeral." Alas! There was a funeral, but it was his funeral, and his mother attended it! Life is indeed so complicated, yet so simple! One may have plans and dreams about the future, but at the end of the day no one knows what he will encounter."*

They are all in Belgium now, Ahsen received lawful resident status like her brother Ihsan. Nihayet and İnci have an asylum interview soon [33].

They are on the brink of a new life in a new country... Nihayet volunteers at a school in Belgium, helping three days a week. She attends a language program four days a week. She is thankful for her health and grateful for her children. She helps her children overcome the psychological traumas which have deeply shaken them. She also tries to ease the pain of the other suffering people. She recently has met another Hizmet volunteer, Gulfem, who had lost her husband and two children while they were trying to escape from Turkey. Nihayet is trying to support Gulfem and many others like her, who have lost all their family members due to the oppression of the Erdogan government.

---

33   As of January 29, 2022, when this book was completed, in Turkish.

Ihsan, Ahsen, and Inci have changed a lot. In the past, they used to live a comfortable life, yet they were still complaining about many things. Now they are mature and responsible young men and women, who have witnessed and lived through the struggle between the forces of good and forces of evil.

Nihayet is a believer. From time to time, she bursts into tears, but then she calms down and says: "Even though I cry, oh Dear God, my rebellion is not against You." It is inevitable that tears will drop when the heart hurts, but she never regrets the path she has taken, the path of being a volunteer for Hizmet. She tries to find comfort and solace in dreaming about Halil. The hope of reuniting with him one day keeps her heart warm. She fully believes that her husband died indeed as a martyr.

Sometimes she talks to her Halil, "You brought me all the way here and then you just left me and returned to your homeland. This was not nice my dear, was it?" And then she bows down and submits to her faith, prays for his soul and says, "Sleep well, my Dear." All she is left with is the memory of those years of her life together with Halil. Her pain and sorrow is so embedded in her that they are inseparable from her. She lives in this world hoping that she will be able to see the good days of her children. She sees her children as the legacy and trust of Halil to her. When she hugs her children, she hugs them twice, one for herself and one for their father.

They are grateful to the people of Belgium and its government because they have opened their doors not only for them but for many other refugees who are from different races, ethnicities, and religious backgrounds. Nihayet holds this generosity so dear in her heart. Belgium has become her second homeland, and she is determined to make every effort and sacrifice for her new country. Of course, she has never forgotten those millions of people who are still suffering under the persecution in Turkey.

Her heart beats together with the hearts of those who do suffer in this world, whoever and wherever they are.

She can see it more clearly now that this world is indeed only a guest house and a temporary dwelling. Your homeland, your wealth, your family, your profession…everyone and everything surrounding you is just a part of a story, which starts like this: "Once upon a time…"

She fully believes that her story will end well…

Because she never gave up her hope and faith in the Writer of that story…

THE END

I crossed the Maritza, **with a heart full of joy**

My entire world in a backpack
The past vanished for no reason
A destiny so painful, so grueling
I crossed the Maritza, with a heart full of joy

Since the beginning of history
Migration is never ending
No exemption to anyone
I crossed the Maritza, with a mind full of thoughts

Lies and slanders of poison
So deadly like a nightshade
Forty-five years of memories
I crossed the Maritza, wiping them all

A shirt of shame on me
Carrying the heart of a pigeon
All left behind, my dear friends

I crossed the Maritza, filling the void.

I left seeds behind hoping
One day they'll rise up to the sky
Babies, mothers, brave young men
A gift to Allah the Merciful

Exodus, what is left to us
Pain and sorrow, most heartfelt
Having a last sad look at homeland
I crossed the Maritza, with the sun setting behind

My people **got me all wrong**

Same God created us all
My people got me all wrong
I devoted my entire life
My people got me all wrong

Drank muddy water for so long
Stood up to the cold and blizzard
I worked for them for a lifetime
My people got me all wrong

Under the shade of a tree
I was a guest in every region
Not in one place, in the whole country
My people got me all wrong

Let this poem be read for ages long
Let it melody be heard everywhere
I wrote it using the blood of my heart
My people got me all wrong

In good days and in bad days
I thought they were friends, they kicked me
All the beauty is lost now in yesterday
My people got me all wrong

The Prophet had returned from Miraj[34]
I took it example and returned to my people
So that they could witness the goodwill
Alas! I was not enough, not enough
They were deceived, and for nothing
My people got me all wrong

---

34 The Isra and Miraj are the two parts of a night journey that the Prophet Muhammad (Peace be Upon Him) took during a single night. It signifies both a physical and spiritual journey. In the Isra part of the journey, the Prophet traveled to the Al-Aqsa Mosque in the city Quds (Jerusalem). In the Miraj, He ascended into Heaven, where He spoke to God, Who gave instructions to take back to the Muslims regarding the details of prayer. The journey is marked as one of the most celebrated dates in the Islamic calendar.

Leaving the world with a smile

PHOTOS

Leaving the world with a smile

Leaving the world with a smile

Leaving the world with a smile

Leaving the world with a smile

Leaving the world with a smile

Leaving the world with a smile

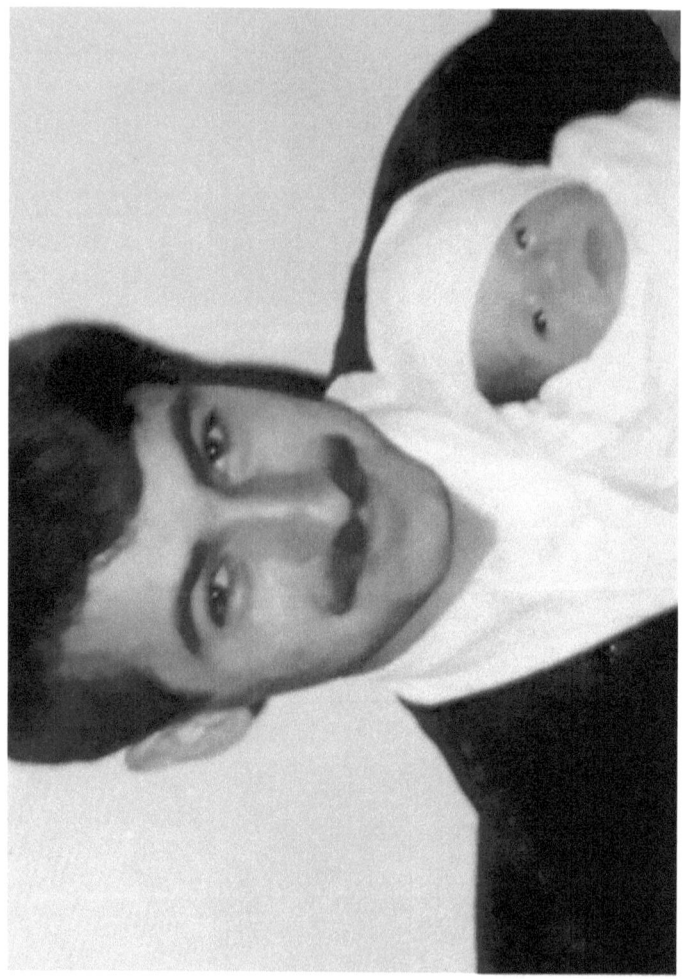

Leaving the world with a smile

Leaving the world with a smile

Leaving the world with a smile

Leaving the world with a smile

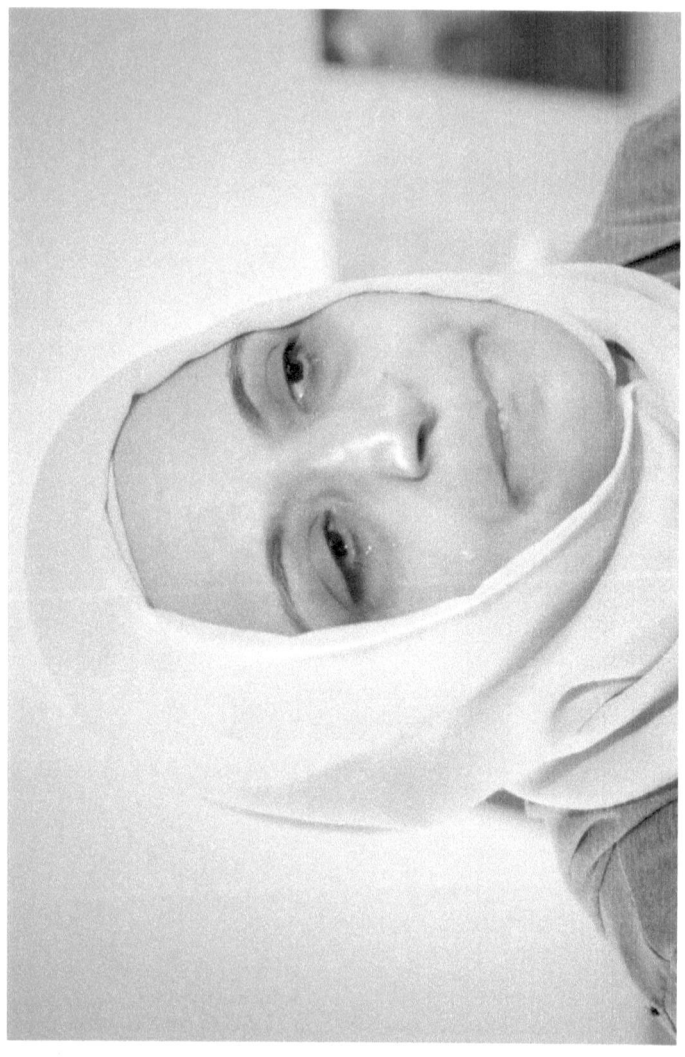

Leaving the world with a smile

Zeynep Kayadelen

Author Zeynep Kayadelen was born in Cankiri, Turkey on August 16, 1972. From the very early stages of her life, Kayadelen knew that she had to be involved in the magical world of words.

Even when she was only a toddler, she used to turn the pages of the books around and touch the letters to make some sense out of them.

When it was time, Kayadelen began attending elementary school with great enthusiasm and learned how to read and write so fast, just like a thirsty person who finally found water to drink.

She started to write regularly, pretty much from the day she learned how to read and write. She had somehow sensed during early childhood that life is only made up of some contents and ideas which could be expressed using words. She felt as if there were other magnificent worlds inside her, and the magic key to those worlds were words.

This was her driving motivation for reading and writing throughout her life. Kayadelen attended middle and high school at Sinop Teacher Training School. During this time period, she received awards in several poetry and prose contests. In 1989, Kayadelen got admitted to the Department of Teaching in Primary Education The Life of Halime Gulsu at Abant University, however she didn't complete her studies because she preferred to devote herself entirely to research and writing. During the time she spent in the university, she regularly wrote articles forthe college newspaper.

In her early career, she used to write more poetry. Later

on, she mostly wrote novels and stories. Five of her novels have been published and printed in many editions in Turkey, namely Reyhan, Yitik Mevsim, Alpdoğan, Kadim Sır, and Menekşe Günler.

Kayadelen, enjoyed listening and writing tales because the intriguing atmosphere of the Eastern fairy tales had also rooted in her soul. As a result, she published two fairy tale books, Adsız

Oğlan ve Acayip Cüce (The nameless boy and the strange dwarf), and Örümcek Tüneli (The Spider Tunnel).

For a long time, Kayadelen has received education in screenwriting, and has worked in this field. She was one of the three screenwriters who wrote the script of the animation movie Allah'ın Sadık Kulu (Barla), which was released in 2011. The movie was the first in its genre for Turkey and had its place in the 50 highest-grossing Turkish movies of all time. Kayadelen wrote scripts for several TV series, too.

Kayadelen's main goal in life was to make this world a more peaceful and prosperous place, both for herself and others. That's why volunteer work and charity have become a way of life for her.

After the so-called coup attempt on July 15, 2016, groundless accusations were made against Kayadelen. Her name had been added. Escape from Turkey to the list of terrorists, among tens of thousands other innocent people. Her novels and story books had been banned and collected by the government. At the end, Kayadelen had to leave her belovedcountry without being able to take even one of her books.

After she escaped the darkness covering her homeland, she moved on to wherever she saw light and hope. Married with

5 children, she is now living in Toronto, Canada. While she continues to write about many different projects, Kayadelen also feels the responsibility to write about the ongoing tragedies in Turkey.

Kayadelen believes in the power of peace and love. In her view, what the world needs is more love and compassion, regardless of whatever it is that the people are fighting for.

HAFZA GIRDAP

Hafza Girdap is the executive director and the spokesperson for AST (Advocates of Silenced Turkey) and the founding member of Set Them Free platform who works for the women's rights violated particularly in Turkey. Girdap is also a Ph.D. candidate in Women's and Gender Studies at Stony Brook University, New York. Girdap has a B.A. and M.A. in English Language and Literature. Her research areas are human rights and women's status in Muslim contexts, specifically the integration and adaptation of Muslim immigrant women while redefining their cultural identities. Girdap is interested in analyzing the lives of Muslim women regarding the challenges they face within their own cultures, before, during, and after conflicts. Her doctoral research focuses on self-identification and the gendered representation and reshaping of Muslim women who grew up in Islamic cultures but resettled to Western cultures. Her research takes an intersectional framework. In addition to her professional human rights work and academic studies, Girdap conducts researches at ECPS's gender program (European Center for Populism Studies https://www.populismstudies.org/about-us/programs/gender/) as a nonresident research associate.

While carrying out her research, Girdap includes the voices of female survivors of conflict by examining the coping mechanisms used by these women to manage new and existing challenges, including social discrimination, oppression, violations of basic rights, etc. She studies how they manage when facing these challenges within different contexts, i.e. their own countries, refugee camps, and new settlements. Girdap has been living in the US since July 2016 as a result of political persecution she faced in her native Turkey. Since settling in the States, her research interests expanded, and she has become much more involved in women's rights movements. Accordingly, she has participated in many programs and delivered speeches about the status of women in Muslim societies. Girdap has been organizing and speaking at UNGA and UN CSW panels for three years, with a focus on women's matters and experiences. She also mentors' youth in the hope that they will become involved in these events as researchers and speakers. As having a personal motto in her life which is "Let Dreams Lead You!", Girdap is running online global bookclubs on Instagram where she also makes live interviews concerning women and youth empowerment. Hafza, with her two daughters (18 and 13 years) and her husband, is living on Long Island, New York.

AST PUBLISHING

IF YOU WOULD LIKE TO **SUPPORT OUR BOOK** PUBLISHING EFFORTS

☑ CREDIT CARD OR DEBIT

silencedturkey.org/donatenow

☑ PAYPAL

paypal.me/ast111

☑ ZELLE

advocatesofsilencedturkey@gmail.com

☑ PATREON

patreon.com/advocatesofsilencedturkey

ADVOCATES OF
SILENCED TURKEY

AST is a 501(c)(3) tax exempt, not for profit charitable and educational organization based in New Jersey, USA exclusively for defending human and civil rights.

EIN : 83-1568246

MAILING ADDRESS
Advocates of Silenced Turkey
P.O. Box 2399
Wayne, NJ 07474-2399

CONTACT
✉ help@silencedturkey.org

WEB & SOCIAL MEDIA
www.silencedturkey.org
twitter.com/silencedturkey
facebook.com/silencedturkey
youtube.com/advocatesofsilencedturkey

Gülerek Geçtim Dünyadan

Eşi Nihayet Dinç'in anlatımıyla

Öğretmen
Halil DİNÇ'in Hayatı

Zeynep Kayadelen

Gülerek Geçtim Dünyadan

Eşi Nihayet Dinç'in anlatımıyla

Öğretmen
Halil DİNÇ'in Hayatı

Zeynep Kayadelen

AST PUBLISHING

Yazar
Zeynep Kayadelen

İllüstratör, Kapak ve Sayfa Tasarımı
Muhsin Nazif

Katkıda Bulunanlar
Mina Leyla
Hande Hur

GÜLEREK GEÇTİM DÜNYADAN

Telif Hakkı © AST Yayıncılık, 2024

AST Publishing tarafından yayınlanmıştır. Bu eserin hakları Advocates of Silenced Turkey'e aittir.

Her hakkı saklıdır. Eserde yer alan metin ve resimlerin, AST'nin yazılım izni olmaksızın, elektronik, mekanik, fotokopi ya da herhangi bir kayıt sistemi ile çoğaltılması, yayımlanması ve depolanması yasaktır.

www.silencedturkey.org
Yayın Tarihi: Aralık 2024

İÇİNDEKİLER

Hizmet Hareketi Hakkında	96
Editörün Notu	97
Kişi Sözünün Bağlısıdır!	102
Dostun Sandığın Düşmanınsa!	106
Mevsim Değişir!	111
Gölge Veren Ağaçların Dalları Kurur!	117
Doğumlar Sancılıdır!	122
Ölüm, Aniden Beliren Bir Duvar!	129
İyilik Hayatın Güneşidir!	135
Özgürlüktür Evin!	140
Halil Dinç'in Şiirleri	145
Fotoğraflar	147

HİZMET HAREKETİ **HAKKINDA**

Hizmet, insan hakları, eşit fırsatçılık, demokrasi, şiddet karşıtlığı, dini ve kültürel değerleri empatik kabullenme ideallerinin savunuculuğunu yapan uluslararası bir sivil toplum girişimidir. Bu hareket, 1970 li yılların ideolojik ve politik olarak şiddete dayalı ayrılmış gerginliği, çok kötü ekonomik koşulları ve asırlar boyunca insanlara devletin atanmış yöneticileri tarafından empoze edilen ayrımcılığa dayalı ideolojisinin insanların hayatlarının her alanına aşırı derece müdahalesi ve belirli bir hayat tarzını dayatması gibi kökleşmiş sosyal problemlerin içinde doğdu.

Yıllar içinde Hizmet, toplumun ve dünyanın kültürel, coğrafi, dil olarak ve din olarak farklı her kesiminin de iştirakiyle kökleşmiş çok geniş bir yapıya ulaştı. Hizmetin çalışma alanları: Hayır çalışmaları ve topluma hizmet, evrensel değerlere sahip bireyler yetiştirmek için eğitim, barış içinde yaşayabilmek için kültürler ve dinler arası diyalog.

Hizmet gönüllüleri, ideal, yaşam tarzı ve vizyon olarak, insana hizmetin Allah'a hizmet etmek olduğunu düşünen ve bu şekilde maneviyatta derinleşmeye adanmış bir yolun savunuculuğunu yapan Fethullah Gülen'den ilham alırlar.

Daha fazla bilgi için: www.afsv.org

EDİTÖRÜN **NOTU**

Advocates of Silenced Turkey; 2018 yılından itibaren Türkiye'de yaşanan insan hakları ihlallerinin, hukuksuz yargılamaların ve işkence iddialarının araştıaraştırılarak uluslararası kamuoyu nezdinde dile getirmeyi amaçlayan, gönüllülük esasına dayanan bir sivil toplum kuruluşudur. 2016 sonrası 160,000'den fazla kişi darbe girişimi ile bağlantılı olma iddiası ile kamu ve özel sektördeki işlerini kaybetti. 20 Temmuz 2016'da ilan edilen OHAL yönetimi devlete terör örgütü ile mücadele konusunda sınırsız yetkiler verirken diğer taraftan ifade özgürlüğü ve basın özgürlüğü gibi demokratik toplumun ve evrensel insan haklarının en temel ilkeleri ciddi zarar görmektedir. Bugün Türkiye'de on binlerce yargı mensubu, doktor, öğretmen, gazeteci, akademisyen ve askerler gibi saygın meslek gruplarından insanlar sahte terör suçlamalarıyla gözaltına alındı ve hapse atıldı. Yaklaşık 5,000 kadın ve 345 çocuk anneleriyle beraber hapishanededir. Ülkenin bu zorlu atmosferinde yaşama umudu kalmayan yüzlerce insan özgürce yaşayabilmek için ölümü göze alarak tehlikeli yollardan ülkeyi terk etmeye çalışmaktadır. Nitekim bu zorlu yolculukta hayatını kaybeden insanlar da olmuştur.

Advocates of Silenced Turkey olarak bizler Türkiye'de hukukun askıya alındığı böylesine bir dönemde yaşanan haksızlıklara sessiz kalmamak amacıyla bir dizi faaliyetlerde bulunmaktayız.

Mağduriyetleri Arşivleme Projesi Türkiye'de binlerce insanın maruz kaldığı hukuksuzluklara ışık tutmak amacı ile ortaya konmuş bir çalışmadır. Gönüllü çalışanlarımızın çabaları ile yaşanan mağduriyetler sözlü ve yazılı olarak kayıt altına alınarak arşivlenmektedir. Bu çalışmanın temel amacı yaşanan mağduriyetlerin doğru ve tarafsız bir şekilde kayıt altına alınmasını sağlamaktır. Bu sayede gelecek nesiller yaşanan mağduriyetleri bizzat ilk kaynaklardan öğrenmiş olacaktır. Diğer taraftan yaşanan mağduriyetlerin ulusal ve uluslararası kamuoyuna duyurularak dünyanın dikkatini Türkiye'de yaşanan insan hakları ihlallerine çekmeyi hedeflemekteyiz. Ayrıca mağdurların maruz kaldığı bu zorluklar akademik çevreler, medya kuruluşları, insan hakları dernekleri, önde gelen toplum liderleri veya hükümet temsilcileri ile paylaşılmak sureti ile bu noktada gerekli somut adımların atılması hedeflenmektedir.

'Gülerek Geçtim Dünyadan' isimli bu kitap uzun soluklu bir çalışmanın ürünü olarak ortaya çıktı. Bu çalışmada emeği geçen herkese çok teşekkür ederiz. Yaşanılan mağduriyetlerin bir an önce son bulmasını, insan hakları ve hukukun üstünlüğü gibi temel değerlerin Türkiye'de tekrar tesis edilmesini en içten dileklerimizle arzu ediyoruz...

GÜLEREK GEÇTİM DÜNYADAN

*Gerçeklere tamamen sadık kalınarak
yazılan bu çalışmayı, hala bu zulümlere maruz kalarak
hürriyetleri ellerinden alınan
binlerce insana, dağılarak paramparça olan
ailelere ithaf ediyoruz.*

Ve bu çalışmayı artık ülkelerinde yaşama umutları
kalmadığı için daha fazla haksızlıklara
maruz kalmadan özgürce yaşayabilecekleri bir
hayata adım atabilmek uğruna
yola çıkan tüm mağdurlara ithaf ediyoruz.

*Yaşadıklarını Advocates of Silenced ile paylaşan
Halil Dinç'in kıymetli eşi
Nihayet Hanım'a teşekkür ederiz.*

Ayrıca Yazar Zeynep Kayadelen,

İllüstratör ve Kapak Tasarım Muhsin Nazif,

Katkılarından dolayı Mina Leyla

Ve bu projede emeği geçen herkese

Teşekkürlerimizi arz ederiz.

GÜLEREK GEÇTİM DÜNYADAN

Bahar **Çiçekleri**

Kopkoyu sis çöktü o temmuzda ülkeye
Sinsi tuzaklar kurulmuştu her köşeye
Uyudular kanlı ve karanlık bir geceye
Yazda zemheriye tutuldu bahar çiçekleri

Uyandılar gömlekleri arkadan yırtık
Hüküm verilmiş ceza kesindi artık
Darbe yemişti adalet kayıptı hukuk
Kara zindanlara atıldı bahar çiçekleri

Çiçek değil zehirli dikendir dediler
Katledilmeleri vaciptir fetva verdiler
Ayaklar altında çiğnendi tepelendiler
Soykırımla kırıldı bahar çiçekleri

Kardeşleri de bu bendendir demedi
Kimini anası babası kovdu reddetti
Bıraktı toprağını hem ağladı hem gitti
Uzaklara hicret etti bahar çiçekleri

GÜLEREK GEÇTİM DÜNYADAN

Kovalandılar diyar diyar nefretle
Kin köpeği peşlerinde gitti her yere
Kimi yaka paça getirildi geriye
İşkencelere uğradı bahar çiçekleri

Mevla dilemiş mutlak bahar gelecek
Kışın ardından toprak yine dirilecek
Bilirler ölseler de bu iş bitmeyecek
Şevkle tohumlar saçtı bahar çiçekleri

Karanlık kustu nura duyduğu nefreti
Çölleşmiş ruhlar çekemedi alı moru yeşili
Su vermediler ta kurutmak için hepsini
Heyhat dünyaya yayıldı bahar çiçekleri

Zeynep Kayadelen

Kişi Sözünün
Bağlısıdır!

Kelimelerin ruhu vardır. Canlıdırlar. Niyetimizden doğarlar ve hayatımıza yön verirler. Dahası insanın elindeki en güçlü silahtır kelimeler. En şifalı ilaç... En öldürücü zehir... Yaratıcının azametini yeryüzüne taşıyan manalar, kelimelerin sırtında iner. Kainattaki her varlık aynı zamanda bir kelimedir. Her varlık yaratıcısını tarif eden mucizevi bir kitabın parçasıdır, kâinat yeniden yazılır an be an, mevsim be mevsim. Kuran'ın ilk sözü de 'oku'dur. Yani öğren ve tekrar et... Hakikatle nefes alıp ver. Budur sana hayat verecek olan...

Konuştuklarımızın kaderdeki rolü bugünlerde kafasını çok fazla kurcalıyor Nihayet Hanım'ın. Halil Bey'le sohbetlerini hatırladıkça kaçırdığı gizemlerin ardından bakakalan biri gibi... Avrupa'nın bir ucunda, şarkta bıraktığı güzel günlerin içinde ışıldayan gizemleri seyrediyor.

Halil Dinç, Nihayet Hanım'ın rahmetli eşi... Kısa zaman önce ebedi alemin huzurlu kıyılarına ulaşıp, Nihayet Hanım'ı ve çocuklarını kendine hasret bırakan hayat arkadaşı...

Halil Bey, Nihayet Hanım'a başlamakta olan hikayelerinin özetini geçmiş meğerse evliliğe karar verdikleri o gün. Sonunu söylediği hikâyeye dahil olmak isteyip istemediğini Nihayet Hanım'a sorduğu tarih 1994 yılı sonlarıydı. O zamanlar Nihayet Hanım hayatının baharında bir genç kızdı, Halil Bey yüce ideallar donanmış yağız bir delikanlı... Türkiye ise doğduğundan beri bitmeyen sancılarla kıvranıp duran gencecik bir ülke.

Nihayet Hanım ve Halil Bey aynı yıl, 1972 yılında

doğmuşlardı. Halil Bey artık yanında değil. Neler yaşadılar neler gördüler o zamandan bu vakte değin, sürekli düşünüyor Nihayet Hanım. Kayıplar veren herkes gibi bugün geldiği noktadan mazi ufuklarını seyrediyor, elinde kalanlara bakıyor. Ne kadar yol aldı, nereye yol aldı, başka bir yöne mi gitmeliydi?

Anne babasını küçükken kaybeden Nihayet Hanım lise sona kadar abisinin yanında kalmış ve üniversiteye başlarken öğrenci yurduna yerleşerek evden ayrılmıştı. Yurtta tanıştığı kız öğrencilerin okuduğu kitaplar dikkatini çekince Hizmet Hareketini tanıma süreci başlamış oldu. Ödünç aldığı kitapları tek tek okudu. Aydınlık bir dünyanın kapıları açılmıştı zihninde. Ruhunu aydınlatacak hakikatleri bulduğuna emindi. Hizmet Hareketi'nin fikir babası Fethullah Gülen şu ana kadar tanıdığı din adamlarından çok farklıydı. Kısaca, insanlara el uzatmanın, sevgi ve merhametin insanın varoluş gayesi olduğunu anlatıyordu kitaplarında. İşte bu iyilik hareketine, Hizmet Hareketine Nihayet Hanım da katıldı.

1990'lı yıllardı. O yıllarda yeni eğitim kurumları, dershaneler açılıyordu Türkiye'de. Lisede görülen derslerin pekiştirildiği, etüt merkezi gibi yerlerdi. İnsanlığın terakkiyatının eğitimle mümkün olduğuna inanan Hizmet insanları okulların yanı sıra dershane açmaya başlamışlardı. Bir dershane de Van'da açılmaya karar verilmişti. Nihayet Hanım da Van'da okuyordu, üniversite son sınıfa gelmişti. Açılacağını duyduğu dershanede öğretmenlik yapabilmek için başvurdu. Başvurusu onaylanınca stajyer olarak dershaneye gidip gelmeye başladı. Stajyerlere ders verenlerden birisi de Halil Bey idi. Halil Bey'le ilk orada karşılaştılar. Aslında aynı yaştaydılar ama Nihayet hanımdan önce bitirmişti üniversiteyi Halil Bey.

Nihayet Hanım, Halil Bey'in kendisiyle evlenmek istemesine başta biraz şaşırmıştı aslında. Üniversiteyi henüz bitiriyordu genç kız, evlilik için erkendi. Fakat ortak dostları öyle düşünmüyordu. Nihayet Hanım yedi yaşında annesini, on iki yaşında babasını kaybetmişti. Hem yetim hem öksüz olması dostlarının rikkatine dokunuyordu. Abisinin ablasının yanında emanetti ve kendine ait bir yuva kurarsa belki daha mutlu olur diye düşünmüşlerdi. Tabi son karar Nihayet Hanım'ındı. Halil Bey'in Nihayet Hanımı incitmeyecek şefkatli ve iyi bir insan olduğunu düşünüyordu ikisini tanıştıranlar. Hal böyleyken bir kış günü tanıştırıldılar.

1994 yılı biterken iki insanın kaderine bir düğüm atılıyordu. İkili öncesinde birkaç kere görüşmüştü ve üçüncü ya da dördüncü görüşmelerinde aralarında ilginç bir diyalog geçti. Halil Bey'le o günkü konuşmaları Nihayet Hanım'ın şuurunda mıh gibi çakılı kaldı. Dershanenin müdür odasında yan yana iki sandalyede göz ucuyla birbirine kaçamak bakışlar atıyor, tatlı heyecanlar içinde yuvarlanıyorlardı. Utançtan nefes alamaz hale gelirdi bu görüşmelerinde Nihayet Hanım. Başı önünde parmaklarının boğumlarını sayıyordu bilmem kaçıncı kere. Halil Bey, Nihayet Hanım'dan daha konuşkan ve iş bitiriciydi. Bugünkü konuları ikisinin de gönüllüsü olduğu Hizmet Hareketiydi.

"Nihayet Hanım sana söylemem gereken önemli bir husus var. O da şu, ki biliyorsun Nihayet Hanım biz bir davanın peşinden gidiyoruz. İnsanlığa, sevgi ve barışa hizmet gibi yüce bir idealimiz var. Gel gör ki büyük davalar sıkıntısız olmaz, şehitsiz olmaz, hapissiz olmaz. Yolumuz nereye çıkar bilmiyorum. Sen her hâlükârda benimle var mısın? Gün gelir de seni üç çocukla yalnız bırakıp hapse düşebilir hatta ölebilirim, sen buna rağmen benimle evliliği kabul ediyor musun?"

Nihayet Hanım, çiçeği burnunda genç kız bu sözün ağırlığını o gün bilememişti. Çok sevdiği ülkesinin insanlarının bu kadar gaddarlaşacaklarını tahmin edemezdi. Halil Bey'in abarttığını düşündü. Neden hapse düşsündü ki Halil Bey gibi tertemiz bir insan?

-Kabul ediyorum, dedi.

Bu konuşmanın üzerinden yirmi beş yıl geçtikten sonra Halil Bey vefat etmişti. Nihayet Hanım dünyanın bir ucunda üç çocukla yalnız başına kalmıştı. O gün aslında neyi kabul ettiğinin, nasıl bir acıya talip olduğunun farkında olmadığını anlıyordu artık. Yaşayacakları onca badirenin farkında olsa ne yapardı diye düşünüyordu sürekli. Travmaları hala geçmediği için buna verilecek net bir cevabı yok şimdilik. Halil'inin de dediği gibi bu dünyada aydınlığın safında yer alanlar karanlıklara gizlenmiş tuzaklara hazır olmalıydı. Lakin Halil'i de bu denli alçaklığı tahmin edememişti. Hem verdiği söz, ettiği kabul Nihayet Hanım'ın canı yanmayacak anlamına gelmiyordu. Canı çok yanmıştı, yanıyordu. İnsanın gerçek vatanı ailesiydi ve Nihayet Hanım ülkesinden sonra eşini kaybederek sürgün içinde sürgüne düşmüş bir insandı.

Dostun Sandığın
Düşmanınsa!

Evlendikleri 1995 yılında, Nihayet Hanım dershanede, Halil Bey Serhat Koleji'nde çalışıyordu. Evlendikten sonra bir müddet daha Van'da çalışmaya devam ettiler. Halil bey kolejde sekiz yıl müdürlük, Nihayet Hanım dört yıl öğretmenlik ve müdür yardımcılığı yaptı. İki çocukları İhsan ve Ahsen, Van'da dünyaya geldi. Güzel günleri geçti. İyi bir eş dünya hazinesidir, derler. Uyumluydular, mutluydular.

Sonra Sivas'a tayin edildiler, ikili Sultan Murad Koleji'nde sözleşmeli olarak çalıştı. Oradan başka şehirlere derken Türkiye'nin pek çok noktasında öğrenci yetiştirdiler. En son Ankara'ya geldiler.

Karı koca, sabah akşam evden okula, okuldan eve gidip gelirken, bir yandan da kendi çocuklarını büyütmeye çalışıyordu. Siyasetle partiyle ilgileri yoktu. Öğretmenlik maaşlarının bir kısmını öğrencilere burs veriyorlardı. İşte AKP iktidarı, Erdoğan bu insanlara soykırım başlattı. Defterle yatan kitapla kalkan, ilimle fenle meşgul, siyasetle ilgilenmeyenlere... Hizmet gönüllüleri siyaset bilse, güç ve menfaat çizgisini takip etse Erdoğan'ın kanlı zulmüyle hiç karşılaşmayacaktı zaten...

15 Temmuz darbesinden bir yıl öncesiydi ve Akp iktidarı Hizmet Hareketine baskılarını her geçen gün artırıyordu. Çünkü o insanlar pek çokları gibi iktidarın yolsuzluklarına susmamış, yandaş olmayı kabul etmemişti. Lakin çağın en kuvvetli silahı, medya Erdoğan'ın eline geçmişti. Erdoğan ekibinin sipariş verdiği yalan bir haber ertesi gün onlarca büyük gazetenin ilk sayfasında yerini alıyordu. Başlarda halk şaşkındı kime inanacakları konusunda. Bir tarafta her zaman

dürüstlük ve yardım gördükleri Hizmet, diğer tarafta devletin gücünü elinde tutan dindar görünüşlü bir iktidar. Nedenleri ve nasılları henüz gün yüzüne çıkmamış bir savaş başlamıştı. Bazılarına göre, Türk halkını korkutarak, kandırarak Hizmet gönüllülerine yapacağı soykırımı meşrulaştırma gibi bir misyonu vardı Erdoğan'ın. Oysaki çoluğun çocuğun da içinde olduğu bir soykırımı meşru kılacak herhangi bir neden yeryüzünde yoktur.

Hizmetin diğer kurumları gibi Halil Bey ve Nihayet Hanım'ın çalıştığı okulda da maddi sıkıntılar artıyordu. Maaşlarını doğru dürüst alamıyorlardı öğretmenler. Halk çocuklarını okullardan almaya başlamıştı. Öğrencileri azalıyordu. Özellikle işlerinden atılma endişesi yaşayan memurlar alıyordu çocuklarını. Sıkıntılar sadece maaş hususunda değildi tabi. Eş dost, akrabaları dahi Hizmet gönüllülerinden uzaklaşıyor, yalnız bırakıyorlardı. Gönüllüler sanıyordu ki toplumdan dışlanmak yaşayacakları en kötü durum. Yani daha kötü ne olabilirdi ki? Darbeden, Erdoğan'ın kurduğu kanlı tezgahlardan haberleri yoktu. Nihayet Hanım Halil Bey'e "Önlüğüm eskimiş yenisini alalım" demişti 15 Temmuz'dan bir ay önceki haziran ayında. E yani normal olan da buydu. Tatil bitecek okula öğrencilerinin başına döneceklerdi. Nihayet Hanım okul önlüğünün derdindeyken Erdoğan onlara kefen biçiyordu nerden bilsinler!

Bayram tatilinden döneli iki gün olmuştu. O akşam Halil Bey ve Nihayet Hanım evlerindeydi. Yemek yemiş, çay içmiş günlük konulardan konuşmuşlardı. Sıcak ve sakin bir yaz akşamıydı. Birazdan değişecek kaderlerinden ve Türkiye tarihinden habersizdiler. Nihayet Hanım biraz hasta idi, uyumasına yardımcı olması için uyku ilacı içmişti. Ne çare, o geceyi bütün Türkiye uykusuz geçirecekti.

GÜLEREK GEÇTİM DÜNYADAN

En kötü kabuslar uyanıkken gördüklerimizdir. Salonda oturan Halil Bey normal yayın akışı kesilen televizyonun sesini açtığında Türk Silahlı Kuvvetleri'nin darbeye kalkıştığını duydular spikerden. Yolda salına salına yürürken aniden bir boşluğa düşmüş gibi tepeden tırnağa sarsıldılar. Darbe, silah… Bu mümkün olabilir miydi? Şaşkınlık ve endişe usul usul doldu evin bütün odalarına. 15 Temmuz cinnet karnavalı başlamıştı Türkiye'de. Camilerden ardı ardına yükselen salalar, Ankara semalarını yırtan jetlerin gürültüsü derken içleri dehşetle doldu. Nihayet Hanım endişeden kaskatı kesilmişti. Neler oluyordu güzelim ülkeye? Neler olacaktı? Erdoğan, halkı sokakta askerle çatışmaya çağırıyordu. Nihayet Hanım mırıldandı "Herkesi sokağa çağırmak da nedir? İç savaş çıkartmaya mı çalışıyor bu gözü dönmüş adam?" Neler olduğunu henüz anlamamışlardı, bununla beraber bir felaketin gelip çattığı belliydi. Hem öyle bir felaket ki hedefini çoktan belirlemiş, öldürücü darbeyi vurmanın hazzıyla coşmuş… Saklandığı yerden televizyonlara bağlanan Erdoğan, darbeye kalkışanların Hizmet insanları olduğunu, bunun hesabını vereceklerini söylüyordu. Telaşa kapılan Nihayet Hanım bir an düşündü, birileri gerçekten böyle bir şey yapmış olabilir miydi? Halil Bey'e açık açık sordu tahmininden emin olmak için. Bunun mümkün olmayacağı yönündeydi ikisinin de fikri. "Koskoca bir iftirayla karşı karşıyayız" diye fısıldadı Halil Bey. "Bu çok kötü oldu yalnız. Bu bahaneyle çok insana eziyet ederler" dedi. Halil Bey'in kastettiği insanlar devlet memurlarıydı. Ülke çapına yayılacak bir cadı avı aklına gelmiyordu.

Normal başlayan o Temmuz gecesinde birden peyda olan kara delikten ortaya zebaniler döküldü. Saf kötülük sokakları tek tek ele geçirdi. Kim olduğu belirsiz keskin nişancılar halkı sırtından vurdu. Yabancı uyruklu eli hançerli adamlar, tatbikatta olduklarını zanneden askeri öğrencilerin kafasını kesip, cesedin önünde selfie çekti. Halkı galeyana getiren sakallı sarıklı aynı kişiler, rütbeli subayları İstanbul Boğaz köprüsünün karanlık sularına attılar. Karanlıktan çıkan kurşunlar kan içti. Ölenler niçin öldüğünü bilemedi. Kalanlar kimin kimi öldürdüğünü bilemedi. 2016'daki 15 Temmuz darbe gecesi Türkiye'nin yolu karanlıklar vadisine çevrildi. Durum böyle olunca aydınlık bir gelecek için çalışan herkes hain ve terörist ilan edildi. Türk bayrağının ve askerinin kana bulandığı bu katliama "Türkiye'nin en büyük kurtuluş savaşı verildi ve zafer kazanıldı" dedi Erdoğan. Yandaşları bu şaibeli zaferi elleri patlarcasına alkışladılar. Kendi evlatlarını öldüren katillere destanlar yazdılar. Sağduyulu insanların içleri kan ağladı o gece. Yer gök kana bulandı.

Gecenin ilerleyen saatlerinde Halil Bey, arkadaşlarına telefon etti, herkeste aynı şaşkınlık, kimse ne olduğunu bilmiyordu. Müdürü olduğu Cemal Şaşmaz Kız Lisesinin koruma görevlileri Halil Bey'i aradı telefonla. Bağırıp çağıran bir grup insan tarafından okulun taşlandığını, kendilerinin de tehlikede olduklarını, okulu terk edeceklerini söylediler. Darbeyi Hizmet insanlarının yaptığından emin bile olmadan linçlerin başlaması, durumun vahametini gösteriyordu. Halil Bey normal bir ülkede olması gerektiği şekilde, "Polisi arayın" dedi güvenlikçilere. Tabi polisten yardım istemenin bir şeyi değiştirmeyeceğini, onların da aynı şeyi yaşatacaklarını, dahası ertesi günü 'terörist' ilan edileceğini nerden bilsin? İyimserdi hala. Ona göre birkaç güne düzelecek bir karışıklık vardı ortada. Nasılsa suçlular yakalanır, Hizmet insanları aklanırdı.

Halil Bey, her ihtimale binaen sabaha kadar uyumadı, sürekli öğretmen arkadaşlarıyla telefonda görüştü. Okulunun durumunu çok merak ediyordu. Onca emekle yapılan eğitim kurumunu olaylar bitene kadar koruması gerekiyordu. Çekiniyordu da. Çünkü, halk galeyana getirilmişti, Hizmete ait diye okulu taşlayan o okulun müdürüne neler yapmaz? Duramadı, kalktı gitti okulu kontrol etmeye. Gördüğü manzara karşısında ağlamamak için kendini zor tuttu. Okulun camlarını hep kırmışlar, eşyalara zarar vermişler, her yerine küfürler yazmışlardı. Gelip geçenlerin imrenerek baktığı yapı bir anda harabeye dönmüştü. Müdür yardımcısı ve Halil Bey baykuşlara bayram ıssız kalmış okulu, talan edilmiş sınıfları gezdiler. Ne görsünler! Masalara poşet poşet uyuşturucu ve bir dolarlar bırakılmıştı. Aleni, ortalığa uyuşturucu bırakan gözü dönmüş kumpasçıların şerrinden Allah'a sığındı Halil Bey. Bir eğitim kurumuna uyuşturucu koyan Erdoğan taraftarları o zehirlerin esas sahibiydi muhtemelen. Bütün sınıfları gezip, her yeri kontrol ettiler. Her yandan duyulan patlamaların, silah seslerinin gölgesi altında evlerine döndüler.

Halil Bey, dehşete kapıldığını eşi Nihayet hanıma sezdirmemeye çalışıyordu. Hayırseverlerin katkılarıyla yapılan okulun haline içi yandı gitti. Masalara bırakılan uyuşturucuları toplayıp klozete attıklarını anlatırken eşinin yüzünden yaşadığı ıstırabı görebiliyordu Nihayet Hanım. Tam bir sırtından vurulmuşluktu ikisinin de hissettiği. Yol tükenmiş, çıkmaz sokağa girmiş gibi kalakalmışlardı.

O gece, Hizmet Hareketine ait eğitim kurumları saldırılara hedef olmuştu daha sabah olmadan. Ankara Pursaklar'da bir okulu ateşe vermişlerdi. Herkesin kafasında aynı soru vardı? Neden oluyordu bütün bunlar? Kedinin uzanamadığı ciğere mundar demesi gibi bir şey mi yaşıyordu Hizmet Hareketi? Dini diyaneti kendi çıkarlarının hizmetçisi yapmak isteyenlerin yoluna çıkmıştı belki sadece. Bu sosyolojik olay ileriki tarihlerde çok incelenip yazılacaktır. Yakıp yıkmayı kahramanlık, vatanseverlik görenlerin elinde o günlerde kaç okul yakılıp yıkıldı bilinmiyor. Ne kadar kitap ayaklar altında çiğnenip, ateşe verildi hesaplamak mümkün değil...

Mevsim **Değişir!**

15 Temmuz darbesini yapmakla suçlanan Hizmet insanları şaşkınlıktan dona kalmışken Erdoğan ve ekibi zafer kutlamalarına başlamıştı. Düşman işgalinden ülkeyi kurtardıklarını meydanlarda haykırıp duruyordu Erdoğan. Bu ülkede daha önce de darbe olmuştu defalarca. Onlara şimdiki kin ve nefretin zerresi gösterilmemişti. Eğer hizmetten birileri böyle bir işe karışmış olsa bile bu soykırımın bir açıklaması yoktu Halil Bey'e göre. Suç şahsiydi ama iktidar kitlesel imhaya başlamıştı. "Kurtla öldürüp çobanla yiyen" insanların kumpasına bir kısım halk inansa da Dinç ailesi gerçeğin farkındaydı. Bu darbe kimin işine yaramışsa faili oydu. Zira karı koca herkese kefil olamasa da birbirlerine kefil olurdu. Biraz insafı ve mantığı olan herkes de gerçeği görebilirdi. Darbeyle ilgili bir sürü soru vardı cevapsız. Mesela normal vatandaşın darbe başladıktan birkaç saat sonra gruplar oluşturup okullara saldırması mümkün müydü? Ya da o gece sabaha kadar camilerde okunan salalar için ülkedeki bütün imamlara aynı anda kim ulaşabilirdi? Sonra darbe sabahı görevinden uzaklaştırılan hâkim ve savcıların listesi illaki önceden hazırlanmış olmalıydı. İktidar ya da işbirlikçisi karanlık güçler müthiş bir organizasyon kurmuştu Dinçlere göre.

Daha bir sürü şey. Uyuşturucu bulundurmak suçtur evet, çantasına koyar ve birini yakalatırsanız hapse attırabilirsiniz de ama bu bir dolar olayı tam bir deli saçmasıydı. Erdoğan'a göre bir dolar darbeciler arasında şifreydi. Neyin şifresi? Amerikan ajanı, Fetöcü dedikleri Hizmet insanlarının şifresi! Düğünlerde oynayanların ayaklarına saçılan bir dolarların, yasal bir paranın, terör delili sayılması nerede görülmüştü?

GÜLEREK GEÇTİM DÜNYADAN

Darbenin ertesi gününden itibaren soykırım başladı. Arenalarda aslanlara parçalatılan insanların yerini modern dünyanın muhalifleri aldı. İktidar yanlılarının ağızlarının suyu aka aka seyrettikleri hukuksuzluklarda pek çok aile parçalandı. Hapishaneler doldu, işkencelerle öldürülenlere intihar etti, dediler. Amerika'nın İngiltere'nin ajanı olmaktan tutun da Hristiyan misyonerliğine varıncaya kadar her türlü suçlamaya maruz kalan Hizmet insanlarının hiç destekçisi olmadı koca ülkede. Ne kendilerini İslam'ın hamisi sayan din adamları ne devrim sevdalısı sosyalistler ne özgürlükçü liberaller. Hiçbir grup "Suçlu bile olsalar bu insanlara soykırım yapamazsınız" demediler.

Böyle bir ortamda insanın akıl ve ruh sağlığını koruması çok zordu. Zaten kırılgan bir psikolojiye sahip olan Nihayet Hanım darbenin getirdiği gerilime dayanamadı. Psikolojik destek alması gerekiyordu. En küçük kızına hamile olduğu dönemde ilaç kullanıyordu zaten. Erdoğan'ın Hizmet insanlarına yaptıklarını, özellikle vatan haini, Fetö iftiralarını hazmedemiyordu. Türkiye karışırken bir sürü insan gibi onun da hissiyatı alt üst olmuştu. Başkalarının canının yanmasını, kötülüğü, iyi insanların elleri kolları bağlı izlemesi çok ıstırap vericidir. Halil Bey de çok üzgündü lakin Nihayet Hanım endişe ve üzüntüyle baş edemez hale gelmişti.

Aynı günlerde Halil Bey biricik eşini psikoloğa götürmeye karar verdi. Kadın olursa Nihayet Hanım rahat eder diyerek kadın bir psikologdan randevu almıştı. Randevu saatine yakın kalkıp gittiler. Lüks döşenmiş klinikte sıra beklerken az sonra yaşanacaklardan habersizdiler. Nihayet Hanım muayene odasına alındı, Halil Bey bekleme salonunda kaldı. Nihayet Hanım ürkek bir serçe gibiydi. Usulca sandalyenin ucuna ilişti, bakışlarını üstüne dikmiş psikologla göz göze geldi. Darbe sonrası herkesin yüzüne düşen önyargı karanlığı bu kadının bakışlarında da vardı. Psikolog bayan, hemen sordu

"Ne iş yapıyorsunuz?" Nihayet Hanım bir an cevap veremedi önüne bakıp yutkundu. Düne kadar övünerek söylediği mesleğini hatırlamaktan bile çekiniyordu artık. "Özel bir kurumda öğretmenlik yapıyorum" dedi kısık sesle. Psikolog bayanın bakışları sertleşti, kaşları çatıldı. Nihayet hanıma sert bir hareketle form uzattı, tavırları rahatsız ediciydi. Yüzünü ekşiterek yüksek sesle "Siz Fetö üyesi misiniz? Bana doğru söyleyin!" dedi. Başından aşağı kaynar sular dökülür gibi oldu Nihayet Hanımın.

Böyle bir soruyu hiç beklemiyordu, "Ben öyle bir şey değilim" dedi kekeleyerek. Zaten çok gergindi, eli ayağı titremeye başlamıştı. "Hangi okulda görev yapıyordunuz?" diye üsteledi kadın. Cevap veremedi Nihayet Hanım, yeni bir travma yaşadı orada. Psikolog bayan muhatabının solgun yüzüne başka bir gezegenden bakıyor gibiydi. O kadar yabancı o kadar uzak… "Hizmet gönüllüsüyüm ama terörist değilim" cümlesinin artık kabul görmediğini orada anladı Nihayet Hanım. Psikolog bayan ayağa kalktı, kapıyı açtı, çıkmasını işaret ederek. "Ben size bakamam, siz bu ülkede teröristsiniz çok kişiyi öldürdünüz!" dedi. "Hemen git belanı benden bulma" diyordu açıkça. Usulca kalktı. "Ben hiçbir suç işlemedim nasıl terörist olabilirim?" diyemedi Nihayet Hanım. O an saf saf "Kime gideyim şimdi? İyi değilim. Yardım almam lazım" diyebildi sadece. "Size şu an hiç kimse bakmaz Ankara'da." 15 Temmuz'un bütün faturasını hiç tanımadığı birine kesen bu kadın, kendince vatanseverlik yapıyordu. "Bu ülkede nefes almayı bile hak etmiyorsunuz. Ne zaman aklanırsınız belki o zaman gelebilirsiniz" diye bağırdı uzaklaşan Nihayet Hanım'ın ardından. Bilim insanı geçinen bu kadının yüzüne tükürmediğine çok pişman olacaktı sonradan Nihayet Hanım.

Halil Bey eşinin allak bullak olmuş yüzünü görünce durumu anlamakta gecikmedi. Orayı hemen terk ettiler. Nihayet Hanım psikolojik olarak o kadar kötü durumdaydı ki, sinirleri kopma noktasındaydı. İnsanlar, birkaç gün içinde Hizmet aleyhine öyle bilenmişti ki her an birilerinin linçine uğrayabilirlerdi. Darbeyle ülkeye enjekte edilen kötücül enerji, kin, nefret herkese sirayet etmiş sokaklar eski huzurunu kaybetmişti. Tadı kaçmıştı ülkenin daha da kaçacaktı. "Bizi taşlayacaklar, bizi şöyle yapacaklar, böyle yapacaklar" gibi endişelerle boğuşuyordu kadıncağız. Halil Bey yolda eşini sakinleştirmeye çalıştı. "Başka bir psikolog buluruz üzülme" dedi. Oysa eşinden daha fazla üzülmüştü.

Televizyonlar, gazeteler Hizmet insanlarının akıl almaz kötülüklerini yazıyor, çiziyor, şeytanlaştırma son hız devam ediyordu. İnsan gibi görünen Fetöcüleri yok etmenin nasıl yüce bir erdem olduğu vurgusu yapılıyordu sürekli. Soykırımcıların ortak bir özelliğidir yok etmek istedikleri insanları önce insan vasfından soyutlarlar. Zencilere ya da Yahudilere yapılanlar da buna bir örnektir. Bir grubun insandan daha düşük birer mertebede olduklarını kendilerince ispat ettikten sonra kazandıkları meşruiyetle başlarlar cadı avına. İktidar öyle yalanlar söyledi ki bazı gönüllüler bile kendinden şüphe etti zaman zaman. "Farkına varmadan suç mu işledik" diye sorguladı bir kısmı. Hayır, hiçbir illegal işe kalkışılmamıştı. Bir şeylere inanmanın, bağış yapmanın ya da bir bankaya para yatırmanın suç olduğuna ancak aptallar ve kötü niyetliler inanırdı. Sonuçta aklı başında ve vicdanı olanlar, ortada korkunç bir komplo döndüğünde hemfikir oldu. Lakin şer hızını almış kaos başlamıştı bir kere. Camilerde, "Fetöcülerin evini, eşini alıp dilediğiniz gibi kullanın, kanını gönlünüzce akıtın, çocuklarına acımayın, vurun kırın" diye haykırıyordu din adamları. Canınızın istediği birini öldürebilir, Fetöcüydü (Hizmet gönüllüsü) o yüzden yaptım, diyebilir muhtemelen ceza almazdınız.

Baktılar işler karıştıkça karışıyordu, Halil Bey ve Nihayet Hanım daha yeni taşındıkları evden ayrılmaya karar verdiler. Kalktılar çocuklarını alıp, apar topar Gölcük'te yaşayan akraba evine gittiler. Tabi orası da sıkıntılı bir yerdi. Hizmetle alakalarını konu komşu, herkes biliyordu. Evin önünde arabalarının durması sıkıntıydı, her an ihbar edilebilirlerdi. O yüzden orada da çok uzun duramadılar. Çaresiz eve döndüler. Neyse ki darbeden bir hafta önce taşınmışlardı bu eve. Bu bir şanstı zira polis eski evlerinde arayacaktı onları. Komşularına öğretmen olduğunu söylemedi Nihayet Hanım. Halil beyin de milli eğitimden emekli öğretmen olduğunu söylediler. Hayatlarında hiç yalan konuşmayan karı koca canlarını korumak için yalan söylüyordu.

Halil Bey bir taraftan eski çalışma arkadaşlarıyla, öğretmenleriyle görüşmeyi sürdürüyor, her şeye rağmen onlara yardım etmeye çalışıyordu. İhtiyacı olan psikolojik desteğe ulaşamayan Nihayet Hanım, Halil Bey olmadan sakin kalamıyordu. İnternetten öğrendiği bir sakinleştirici ilacı kullanmaya başladı. O dönem çok sıkıntılı geçti. Halil Bey nahif bir insandı. Hayatta pek çok şeye katlanabilirdi de kendisine 'Terörist' denmesini onuruna yediremiyordu. Gölcüğe gittiklerinde ablasına gerçekleri anlatmaya çalışmıştı ancak medyadan duydukları neyse ona inanmışlardı akrabaları. Koskoca devlet başkanı yalan mı söyleyecekti? Halil Bey, Hizmetin darbe yapmadığını, yapmayacağını anlatıp durdu. "Birileri bu suça karışmış da olsa bizim haberimiz yok" dedi. Kardeşi bile onun terörist olduğuna inanıyordu. İspatı, delili olmayan suçlamaların altında kalmış, felç edilmişlerdi toplum tarafından. En yakınlarını masumiyetine inandıramamak çok üzmüştü adamı, yemek yiyemiyordu, on, on beş kilo vermişti. Hastaydı, tutuklanma ihtimaline binaen hiçbir doktora gidemiyordu. Tansiyon rahatsızlığı vardı. Elleri hep egzama olmuştu. Sürekli ağlardı Halil Bey. Kendinden çok yakıp yıkılan eğitim kurumlarına, tutuklanan masum insanlara içi yanıyordu. Gönüllülerin kurduğu barınma yurtları, okullar Erdoğan yanlılarına peşkeş çekiliyordu. Oralarda barınan eğitim gören gençler, çocuklar bile vatan haini ilan edilmişti. Halil Bey mağdur insanlarla ilgilendi. Eşleri hapse giren kadınlar, çocuklar için para bulmaya çalıştı. Nihayet Hanım da Halil Bey ile erzak bulmaya çalışıyor, ihtiyacı olanlara taşıyorlardı. Her defasında biricik eşine sorardı, "Nihayet kimi yemeğe aldın? Filancaları da aldın mı?" Yemeğe davet ettikleri insanlar çekine çekine geliyorlardı ama onlar birbirlerine tutunmak zorundaydılar. Kimsenin akrabasından, eşinden dostundan gördüğü bir fayda yoktu, herkes elini eteğini çekmişti. Nihayet Hanım'ın ailesi, Halil Bey'in ailesi onları düşünce babında desteklemeseler de seviyorlardı. Halil Bey'in annesi maddi olarak desteğini esirgemedi. Kendi kısıtlı gelirinden ayda bin lira gönderebiliyordu.

Çember daralıyordu, sıcak yuvaları bir tuzaktı artık onlar için. Çok geçmedi Halil Bey, "Resmiyette adresimiz eski ev görünüyor ama bu evde de elektrik ve su faturası benim üzerimde, adımdan bu adresimize ulaşabilirler, yakalanabilirim. Benim saklanmam lazım." dedi. Daha önce oturdukları eve polislerin kapıyı kırarak girdiğini öğrenmişti. Tuhaf kılıklı adamlar fotoğraflarını kapı kapı gezdirerek Halil Bey'i ve Nihayet Hanımı sormuşlardı etrafa. Nihayet Hanım da risk altındaydı ama çocukları sahipsiz bırakamazdı. Örgüt kurucusu olmakla suçlanan Halil Bey, birkaç kıyafetini alıp evden ayrıldı. Kendi ülkesinde esir düşmemek için köşe bucak saklanmaya başladı.

Gölge Veren Ağaçların
Dalları Kurur!

O rtadoğu'da yıldızı parlayan, demokrasi ülkesi olma yolundaki Türkiye'nin yolu kesilmiş, ışığı sönmüş karanlık bir dönem başlamıştı. Binlerce hâkim ve savcıyla birlikte hukuk da görevden alınmıştı. Erdoğan'ın canı ne isterse kanun oydu artık. Hizmet gönüllülerinin çocuklarını da terörist ilan etmiş, yediden yetmişe bir soykırım başlatmıştı. Halil Bey ve Nihayet Hanım'ın üç çocuğu da bu cadı avından paylarına düşeni aldı. Her biri bir tarafa savruldu. Büyük oğul Fatih Üniversitesi'nde hukuk okuyordu. Üniversite sınavında çok yüksek derece yapmıştı, bin liraya yakın burs alıyordu. Darbeden sonra burs hakkı elinden alındı, üniversitesi kapatıldı. Delikanlı o dönem açıkta kaldı. Sonra Ankara Üniversitesi'ne kabul edildi. Ortanca kız Ahsen, Hizmet okulunda lise ikiye geçecekti. Okulu kapanınca Ankara Gazi Anadolu Lisesi'ne geçti. Küçük kızı da bir mahalle okuluna başlattılar. En başta devletin sahip çıkması gereken çocuklar devletten eziyet gördüler, dışlandılar. AKP iktidarını devlet zanneden cahil halk kesimi kraldan çok kralcılık yapıyordu, Erdoğan vur dese onlar öldürüyordu. Anne babası Fetöcü diye bilinen çocuklar arkadaşlarından dayak yiyor, itilip kakılıyordu. İnsanların içlerinde gizli gizli büyümüş şer, patlayan bir yaradan akan irin gibi şehirlere ilçelere yayılıyordu. Her toplum kendi diktatörünü kendi yaratır. Erdoğan olmasa bir başkası, bu çürümenin, faşizmin sırtına binip diktatörlüğünü ilan ederdi Halil Bey'e göre.

Azılı bir suçlu gibi köşe bucak saklanmak zorunda kalan Halil Bey, o haldeyken bile mağdurlara yardım etti. Para buldu. Onları ziyaret etti. Nihayet Hanımın ifadesiyle son nefesine kadar iyilik peşinde koştu. Vefalıydı. Nihayet Hanıma diyordu ki "Belki ben hapiste değilim ama hapiste olan her arkadaşımın çilesi sanki boynumda." Çok ar etti. Yapılanları kabul edemiyordu. Bir şiir yazmıştı "Halkım beni tanımadı" diye. Onu okur ağlardı.

Halil Bey bazen ayda, bazen bir buçuk ayda bir ailesini görmeye geliyor, birkaç saat ancak kalabiliyordu. Genelde uzun süre haberleşemiyorlardı. Bir gün birlikte saklandığı arkadaşları Halil Bey'in eşyalarını getirip Nihayet Hanıma verdiler "Abiyi bir haftadır görmedik, polis evimizi tespit etti, evi boşaltıyoruz" dediler. Nihayet Hanım gözyaşları içinde sordu, "Eşim nerde?" "Bilmiyoruz." dediler. Meğer kaldığı ev ortaya çıkan Halil Bey polisleri uzaktan görünce kaçmış ve bir hafta ortaya çıkmayınca, arkadaşları bari eşyalarını bırakalım, demişler. Nihayet Hanım eşinin çamaşırlarını eline tutuşturduklarında kocasına bir şey oldu zannıyla gözyaşlarına boğulmuştu. Eşinin iyi olduğunu öğrenene kadar ölüp ölüp dirilmişti. Her gün korku ve tedirginlik içinde yaşamak yaşamaktan sayılır mıydı? Sürekli can çekişir gibi çırpınıp duruyorlardı.

Bu şekilde devam edemeyecekleri ortadaydı, dayanacak halleri kalmamıştı. Erdoğan diktatörlüğünü kuvvetlendirdikçe cadı avını şiddetlendiriyordu. Her an Nihayet Hanım'ı da almaya gelebilirlerdi. Birlikte çalıştıkları öğretmenlerin çoğu gözaltına alınmıştı. Uzun yıllar sürecek hapis cezaları alıyorlardı. Halil Bey terör örgütü yöneticiliğinden aranıyordu. Yakalanırsa en üst düzeyden ceza alacaktı. Nihayet Hanım'la ilgili suçlama da şuydu. Maaşını legal bir bankadan, Bank Asya'dan almak, Zaman gazetesine abone olmak, özel okulda öğretmenlik yapmak... Kısacası karı koca, terör örgütü üyeliğiyle yani Fetöden yargılanacaklardı. Yargılanmak da lafın gelişi bu arada. Hapse girecekleri kesindi.

Kapana kısılmışlardı. Çocuklar çok etkileniyordu bu travmatik ortamdan. Ailece cendereden çıkmalı, özgürlüğe kavuşmak, insanca yaşamak için bir şeyler yapmalıydılar. Her kapı çalınışında tedirgin oluyor, perdelerin arkasından kimin geldiğini anlamaya çalışıyorlardı. 15 Temmuz'da sokaklara inen şer, kapı kapı gezip masum insanları avlıyordu zira. Gözaltına almaya gelen polislerce balkondan atılıp öldürülen muhalifler varken nasıl tedirgin olmasınlardı? Yurt dışına çıkan, ülkeden kaçan insanlardan haberleri vardı. Halil bey bir gün "Biz en iyisi Türkiye'yi terk edelim, hukukun demokrasinin uzun süre döneceği yok" dedi.

Türkiye'den çıkmak konusunda Halil Bey önceleri tereddütlüydü. Nereye, nasıl gideceklerdi? Orada daha iyi mi olacaklardı daha mı kötü? Çok düşündü. Gittikleri ülkede hukuk işliyorsa, güvenliyse geri kalan her şey halledilebilirdi. Ölçüp biçince gitmenin kalmaktan daha evla olduğuna karar verdi. Sonra nasıl gidebileceklerini soruşturdu el altından. Bir buluşmalarında eşinin gözlerinin içine bakarak, "Nihayet Hanım, yakında gidebiliriz" dedi. Halil Bey'in bahsettiği gitmenin ucundaki ölüm ve yakalanma riskini biliyordu Nihayet Hanım, "Senin Amerika vizen var, önce sen git istersen, sonra biz gelelim" dedi. Yunanistan'a kaçak geçen insanların hikayesini herkes gibi onlar da duymuştu. Eşi Almanya'ya iltica eden bir kadının, üç küçük çocuğuyla akıl almaz zorluklarla Yunanistan'a geçtikten sonra kalp krizi geçirip öldüğü haberiyle kahrolmuşlardı. Nihayet Hanım kendinden de korkuyordu, psikolojisi iyi değildi, iltica yolundaki zorlukları kaldıramayabilirdi. Hanımının Amerika'ya yalnız gitmesi teklifine Halil Bey sevecen bir sesle, "Nihayet Hanım ayrılmayacağız ne sen bensiz olursun ne de ben sensiz olurum. Birlikte bu zorluğun üstesinden geleceğiz" diye cevap verdi.

Karar verildikten sonra iki ay boyunca Halil Bey yolculuk için para tedarik etmeye çalıştı. Kolay değil, Yunanistan'a geçmek için, oradan sonrası için bir sürü para lazımdı. Çoktandır cepten yiyorlardı, bankadaki üç kuruşlarına da el konulmuştu. Paraya dönüştürebilecekleri bir arabadan başka bir şeyleri yoktu.

GÜLEREK GEÇTİM DÜNYADAN

Hemen arabayı sattılar. Yirmi dört bin lira kadar oradan geldi. Sağdan soldan borç toparlayıp eksiği tamamlamaya çalıştılar. Para tamam olurken kötü bir haberle daha çalkalanıyordu sosyal medya. Erdoğan'ın soykırımından kaçan Hizmet gönüllüsü bir aile Meriç'in sularında dört ferdini yitirmişti. Meriç nehrinden geçmeye çalışırlarken öğretmen anne üç minik oğluyla birlikte boğularak vefat etmişti. Anne ve bebeğin cesedi birbirlerine sımsıkı sarılmış halde bulunmuştu. Nihayet Hanım çok etkilendi bu olaydan. O çocuklar ve anneleri için çok ağladı. Ya o da çocuklarını kaybederse ne yapardı? Gitmekten vazgeçtiğini Halil Bey'e söyledi. "Hayır Meriç'ten çıkmayacağız, çok tehlikeli istemiyorum" dedi. Halil Bey, Nihayet Hanım'ı ikna etmeye çalıştı lakin aynı endişe onun içinde de çalkalanıp duruyordu, "Ya çocuklara bir şey olursa?". Aşağı tükürsen sakal yukarı tükürsen bıyık… İki ölüm ihtimalinden birini seçerken öyle yalnızdılar ki. Yanarken tütmemek gibi bir şeydi bu… Aileleri dahil kimse gideceklerini bilmiyordu, bilmemelilerdi. İhbar edilirlerse kesin tutuklanırlardı. Çoğu kişi ailesi anası babası tarafından polise ihbar edilmişti.

Türkiye'deki o son hafta zor geçen bir hafta oldu. Müşfik kocası Nihayet Hanımı sürekli teselli etti. "Nihayet Hanım benim canım, sen de bilirsin, ecel tektir değişmez, öleceksek burada da ölürüz, Meriç'te de. Canımız, yavrularımız Allah'ımıza emanettir, Türkiye'den hemen çıkmalıyız, bize gitmekten başka yol bırakmadılar. Görüyorsun hapislerdeki tutsakların halini, işkence gören öldürülen bir sürü insan var. Oturup beklemek bu zalimlerin işini kolaylaştırmaktan başka bir şey değil" dedi.

Yola çıkmalarına birkaç gün kala Halil Bey bir şiir yazdı. Şiirin adı 'Gülerek Geçtim Meriç'ten' idi. Nihayet Hanım'a okudu. Şiirin adını gören Nihayet Hanım "Henüz Meriç'ten geçmedin ki Halil Bey" diye gülümsedi. "Ben bu şiiri Meriç'ten bütün geçenler için yazdım. Onlar bana göre kutlu yolun yolcuları". Halil Bey edebiyat mezunuydu, hisli insandı.

GÜLEREK GEÇTİM DÜNYADAN

Nihayet Hanım yolculuk telaşından sıyrılıp bir köşeye oturdu. Şiiri tekrar tekrar dinledi. "Allah Allah, ne kadar güzel yazmışsın. Nasıl böyle yaşamış gibi yazabildin ki?" Halil Bey buruk bir gülümsemeyle baktı hanımına. "Kalbim benden önce düştü yollara hanım". Nihayet Hanım çok etkilenmişti. Sevgili kocası Halil Bey kafasında çoktan geçmişti Meriç'i. Bu şiir kadına garip bir şekilde güç verdi. İnsan her ne kadar öyle olduğunu bilse de bazen, yürüdüğü yolun doğru olduğunu duymak iyi gelirmiş. Yolcunun yorgunluğunu alır, dizlerine derman verirmiş. Nihayet Hanım'a da bu şiir çok iyi geldi. "Utanacakları hiçbir suç işlememiş, iftiraya uğramış mazlum insanlar neden gülmesin?" diye düşündü. Mazlumdular, haklarıydı, Meriç'ten de İstanbul'dan da gülerek geçeceklerdi. Ölseler de güleceklerdi, yaşasalar da. Çünkü bırak insana zarar vermeyi, bir ağacın dalına bile kıymamışlardı. Yüce Yaratıcının huzurunda içleri rahattı, gülüp neşelenmek en çok onların hakkıydı Nihayet Hanım'a göre. Kalktı eşyalarını toplamaya devam etti.

Doğumlar
Sancılıdır!

Yolculuk başlıyordu. Öncelikle onları Meriç'e kadar götürecek birilerini aradılar. Sinerek, saklanarak almaları gereken uzun bir yol vardı önlerinde.

Türkiye'deki son günlerinde kalben çok yoruldular. İnsanlardan borç istemek Halil Bey'in hazmedebileceği bir şey değildi. Süreçte belki bedenen işkence görmemişti ama duygusal yönden tükenmişti. Çok gerildi, çok içerledi o gururlu adam. Hem ailesinin başına kendi yüzünden bir şeyler gelebileceği fikri yüreğini ağzına getiriyordu. Ailece çok darlandılar, anne karnındaki günleri bitmiş doğum kanalına girmiş bebek gibi kemikleri iç içe geçmişti sanki. Ya olacaklar ya öleceklerdi. Kaçakçılarla irtibat kurmak, para göndermek, randevulaşmak eski doğu bloku filmi sahneleri gibiydi. Bütün paranızı verdiğiniz insanlar sizi kandırabilir ya da polise şikâyet edebilirdi. Gözleri bağlı, el yordamıyla, zombilerin kaynaştığı bir karanlıkta ilerlemekti onlarınki.

Meriç nehrini birkaç aile birlikte geçip, 29 Ekim 2018 de Türkiye'yi terk ettiler. Meriç'e kadar gelmeleri çok zor oldu lakin geçerken korktukları kadar sıkıntı yaşamadılar. Nihayet Hanım eşine dedi ki, "Biz Meriç'i çok kolay geçtik, bu imtihanı şükür kolay atlattık? Fakat arkadaşlarımızı geride bıraktık kendimi onlara karşı mahcup hissediyorum. Onları terk etmekle hata mı ettik? Allah bizi affetsin." Hapiste olan arkadaşları vardı, eşleriyle çocuklarıyla ilgilendikleri. Elden ne gelir, Türkiye'de durum gittikçe vahim bir hal alıyordu. Polis her köşe başını tutmuş Hizmet gönüllülerini arıyordu. On binlerce Hizmet gönüllüsü tutuklanmıştı... Hırsızlara, katillere, tecavüzcülere yer kalmamıştı cezaevlerinde. Halil Bey hapse girdiklerinde kimseye bir faydalarının dokunmayacağını eşine bir kez daha hatırlattı.

Meriç'i geçtikten kısa süre sonra Yunan polisi bunları gözaltına aldı. Yunan askerinin, polisinin onlara iyi davranması Halil Bey ve Nihayet Hanım'ı şaşırttı açıkçası. Çoktandır görmedikleri bu insani tavırdan çok etkilendiler. Artık muktedirlerin şahsi kin ve nefretinin değil hukukun muhatabıydılar, istedikleri de buydu.

Yunan karakolunda gözaltındayken Türkiye'nin kan kaybına yakından şahit oldular. Her saatte bir, Türkiye'den kaçan yeni aileler geliyordu. Türkiye'nin yetişmiş vasıflı vatansever insanlarıydı bunlar. Doktor, avukat, hâkim, hemşire, öğretmen, her meslekten insan vardı. Hayatları boyunca hiç suç işlememişlerdi. Aksine yardım derneklerine, eğitim faaliyetlerine destek veren fedakâr insanlardı. Herkesin hikayesi farklıydı. Çok acı hikayeler dinlediler, kendi dertlerini unuttular.

Halil Bey şefkatli insandı. Yunan karakolunda tanıştığı başka milletlerden mültecilere de moral vermeye çalışıyordu. Genç yaşına rağmen saçları bembeyazdı, o yüzden herkes ona abi diyordu. Girdiği ortamın abisi, babası oluveriyordu.

Afrinli, Kürt bir aile ile tanıştılar. Afrin operasyonunda Türk askerleri evlerini basmış, bitmeyen çatışmalardan bıkmışlar. Onlar da buralara gelmek zorunda kalmış. Halil Bey Van'da çalıştığı için çat-pat Kürtçe biliyordu. Bu aileye kendince bir şeyler anlatmaya çalıştı. Yaşanan kavgaların hep siyasi olduğunu, halkların düşman olmadığını izah etmek istedi. "Bu dünyada hepimize yer var" dedi. O bir sevgi kahramanıydı Nihayet Hanım'a göre. Adım attığı her yere sevgi ve kardeşlik götürmeye adamıştı hayatını.

Halil Bey ve ailesi önce kapalı sonra açık kampta kaldılar Yunanistan'da. Açık mülteci kampında altı gün kaldılar. Kampta

GÜLEREK GEÇTİM DÜNYADAN

Pakistanlı gençler vardı. Hırpani kıyafetli, elleri ayakları yara içinde perişan durumdalardı. Halil Bey Nihayet Hanım'a dedi ki bir ara "Bu mültecilerin çoğu Müslüman fark ettin mi hanım?" Müslümanların perişan haline çok üzülüyordu. Neden böyle olmuştu? Halil Bey o Pakistanlı gençlerden birisine ezan okuma görevi verdi. Hep beraber cemaatle namaz kılıyorlardı. Birkaç kelimeyle de olsa anlaşmaya çalışıyordu onlarla. O gençler sonradan duydular Halil Bey'in vefatını, çok üzüldüler.

Halil Bey'in rahatsızlığı kapalı kamptayken artmıştı. Başı çok ağrıyordu, Nihayet Hanım kocasına sürekli ağrı kesici veriyordu. Bilmiyordu ki ciddi bir rahatsızlığı olduğunu. Halil Bey'e, "Herhalde strestendir" diyordu. Hoş bilse ne yapabilirdi? Sonra açık kampa geçtiklerinde baş ağrıları geçer gibi oldu Halil Bey'in. En azından biraz olsun rahatlamıştı. Artık serbest bırakılmayı beklerlerken, yine aldılar Halil Bey ve ailesini. Başka, zindan gibi, ışığın girmediği bir yere götürdüler. Çok moralleri bozuldu. Nihayet Hanım, panik atak gibi bir şey yaşadı orada. Bir gece kaldılar sonra salıverildiler. Polisler onlara bazı bilgiler verdi ve serbest olduklarını söyledi. Rahatlamakla birlikte yeni kaygılarla doldu kalpleri. Basamakları gittikçe dikleşen bir merdiveni tırmanıyor gibiydiler. Atina'nın yolunu bulup oradan birilerine ulaşmaları kolay olmadı. Dil bilmemek çok zordu. Bedenen varsın, ihtiyaçların var ama kendini ifade edemediğin için görünmüyorsun, duyulmuyorsun. Bir yokluğa düşmüşlerdi çoktandır. Diri diri gömülmek gibi, nefesin boğazda düğümlenip kalması gibiydi kendini anlatamamak.

Önceden gelmiş, yol iz bilen Hizmet gönüllülerinin yardımıyla Atina'ya ulaştılar. Başlangıçta orayı sevemediler. Sokakları çok donuk ve soğuk gelmişti. Duvarlar gri, üzerlerinde tuhaf yazılar, yabancı insanlar... Gerçi biliyorlardı ki sorun Atina değil. Kırık bir kalbi nereye koyarsan koy acır ve üşür.

Atina'da maddi durumu iyi olan birkaç Hizmet

gönüllüsünün ayarladığı bir apartman dairesine yerleştiler. İki aile idiler orada. Bu mekân Türkiye'den gelen zor durumdaki Hizmet gönüllülerine açılan iyilik kapısıydı. Ölümü göze alıp Meriç'ten geçtikten sonra durup nefes aldıkları, muhtaçların minnetiyle kutsanmış bir mekândı... Orada biraz rahat ettiler, dinlendiler. Ne var ki durucu değillerdi. Halil Bey hemen başka bir ülkeye geçmek istiyordu. Çünkü, Yunanistan'da işsizlik, mülteciliğin zorluğu ve parasızlık söz konusuydu. Apartman katında üç dört gün kadar kaldılar, o esnada Halil Bey yolculuklarına devam etmelerini sağlayacak belgeleri hazırlatmıştı.

Derken, Halil Bey ailesine "Çarşamba yolculuk var" dedi. Söyleyenin de işitenin de hoşlanmadığı bir haberdi bu. Meriç'i daha yeni geçmişlerdi. Saç diplerine kadar gergin ve yorgundular. Halil Bey belki en yorgunlarıydı. Belki o yüzden hedefe hemen ulaşıp yolculuğu tamama erdirmek istiyordu. Durmanın zamanı değildi, Atina'dan gidip yeni bir hayata başlamak istiyordu. Ellerinden zorla alınan, normal bir insanın günlük hayatına...

O çarşamba yolculuk olamadı. Kullandıkları sahte belgelerle polise yakalanmış, gözaltına alınmışlardı. Saatler sonra serbest bırakılınca misafir oldukları eve yorgun birer savaşçı gibi döndüler. Çok belli etmese de üzülmüştü Halil Bey. Gece uyku tutmadı adamı, oturdu paraları saydı. "Nihayet Hanım bu paralar bizi çok fazla idare etmez. Sınırdan geçmeyi üç dört kere daha deneyebiliriz ancak" dedi. Nihayet Hanım Halil'ine kıyamıyordu. Eşinden daha fazla üzgün olmasına rağmen "Olsun Bey, üzülme Allah kerimdir" dedi.

Atina'da sıcak bir yaz akşamıydı, şehrin uğultusu açık camlardan salona doluyordu. Karı koca karşılıklı oturmuşlardı. Derin düşüncelere daldılar, rüzgârda uçuşan perdelerin arasından görünen gökyüzüne bakıp iç geçirdiler. Hayal edemeyecekleri bir yerde ve hayal edemeyecekleri haldeydiler. Daha kötüsünden korkup, daha iyisi için dua ettiler Allah'a. İnandıkları Yaratıcıdan başka bir dayanakları yoktu. Kalktılar. Gecenin koynuna sokulup uyumaya çalıştılar.

Gün aydı, sabah oldu. Bu Halil Bey'in dünyadaki son sabahı oldu. Misafirhanede birlikte kaldıkları aile kahvaltıya gitmişti. Halil Bey, Nihayet Hanım, kızları İnci ile Ahsen baş başa kalmışlardı. En büyük çocukları İhsan'ı Türkiye'de bırakmışlardı. Olur da yakalanırsak diye onu almamışlardı yanlarına. Yirmi iki yaşında yetişkin bir çocuktu nasılsa. O yüzden "Sonra gelir yanımıza" diye düşünmüşlerdi.

Halil Bey neşeliydi, patates kızartmış güzel bir kahvaltı hazırlamıştı ailesine. Bu birlikte son kahvaltıları oldu. Kahvaltıdan sonra markete gittiler. Marketten sonra karı koca bir de pazara uğradılar. Halil Bey her zamankinden çok şey almıştı. "Şunu da alalım bunu da alalım" deyip duruyordu. Nihayet Hanım eşine göz ucuyla baktı. Biraz fazla mı neşeliydi? Sonradan bunun üstüne çok düşündü kadın. O gün kocasının üstündeki coşku, ötelere yaklaşmanın coşkusuydu belki. Niye olmasın? İnanmış bir insandı o. Rabbine kavuşacağını sezen inançlı bir gönle ilhamlar inebilirdi.

Market dönüşü yolda Halil Bey, demesin mi! "Gel elini tutayım nasılsa burada kimse görmez". O kadar uzun zaman olmuştu ki bunu yapmayalı. Nihayet Hanım nazlı nazlı gülümsedi elini uzatırken. İkili eve el ele döndüler.

Büyük kız Ahsen'in moralinin bozukluğu Halil Bey'in gözünden kaçmamıştı. Kıyamazdı kızlarına. "Bak ne yapalım Ahsen'im, ben bir duş alayım sonra seninle baba kız döner yemeye gidelim ne dersin?" dedi. Gidebilecekler miydi? Herkesin bir kum saati vardı, arştan yere usul usul akan. Yerdekiler anca bitince öğrenebilirdi saatlerindeki kumun miktarını. Halil Bey'in son ömür tanecikleri usulca düşüyor, vakti tamamlanıyordu. Güzelce tıraş oldu, duşa girmek için kıyafetlerini çıkarmaya başlamıştı ki durdu, göğsünü tuttu, makineye çamaşır atan hanımına seslendi. "Nihayet, ben çok kötü oldum" bunlar son sözleriydi, çömeldi ve yığıldı kaldı. Ve dehşet dakikaları başladı. Yerde yatan kocasının başında şaşkına dönen Nihayet Hanım, Ahsen'e seslendi hemen. Anne kız, Halil Bey'i banyodan dışarı taşımaya çalıştılar. Ahsen annesinden daha soğukkanlıydı aldı babasını kucağına doğru çekti, solunum masajı, kalp masajı yaptı. Çığlıklara gelen İnci korkudan ağlamaya başlamıştı. Dakikalar boyu çaresiz kuşlar gibi çırpındı üç kadın. Halil Bey'in tek yaşam belirtisi boğazındaki belli belirsiz hırıltıydı.

Nihayet Hanım koştu, apartmandaki kapıları tek tek yumrukladı yardım istemek için. Kimse yoktu ortalıkta. Japon bir bayan vardı, geldi ama bir türlü anlaşamadılar. Nihayet Hanım, Türk arkadaşlarını aradı, "Yardım edin ne olur ambulans çağırın, Halil Bey'e bir şey oldu!" Yardım çağrısını alanlar yollara döküldü. Arkadaşlarından birkaçı hemen ambulans çağırdı ne var ki Atina susmuş Halil Bey'in hırıltısını dinliyordu sanki.

Evin küçük kızı İnci, yüzü korkudan kireç kesilmiş, kanepeden kanepeye sıçrıyor, "Baba ölme! Baba ölme!" diye çığlıklar atıyordu. Ortanca kız Ahsen'in gözyaşları babasının yüzüne düşüyordu. Nihayet Hanım kendi etrafında dört dönüyor bir oraya bir buraya koşuyordu. Balkona çıktı avazı yettiğince bağırdı, etraftan duyan insanlar koşarak geldiler yardım etmek için ama kimse anlamıyordu durumu. Ambulans kelimesinin ortak bir kelime olduğu aklına geldi Nihayet Hanımın "Ambulans! Ambulans!" diye bağırdı en son. Komşu bir bayan daha ambulans çağırdı. Aradan yarım saatten fazla geçti. Halil Bey'in hırıltıları kesilmiş, görevini tamamlayan kalbi durmuştu. Bir kıyamet yaşandı o gün orada. Ahsen ağlayarak, "Anne babamı kurtaramadım! Babam öldü galiba" diye hıçkırdı. Nihayet Hanım çığlık attı, kızına yalvardı, "Sus öyle deme, sakın öyle deme!"

Ölüm,
Aniden Beliren
Bir Duvar!

Halil Bey'in fenalaştığı haberini duyan Hizmet gönüllüleri Atina'nın dört bir yanından koşup geldi. Ambulans da sonunda gelmiş, ilk müdahaleden sonra Halil Bey'i alıp götürmüşlerdi.

Sabah doğan güneş Atina'nın üstünde parıl parıldı fakat kör karanlık sarmıştı sanki etraflarını. Nihayet Hanım ağlamaktan bitap düşmüştü. Arkadaşları onu teselli ediyor, Halil Bey için dua ediyorlardı. Halil'ine ne olmuştu birden böyle? Nihayet Hanım kendini hastaneye götürmeleri için yalvarıp durdu gelenlere. İçinde acıyla birlikte bir itiraz büyüyordu. Halil'ine aşk olsundu! Neden böyle yapmıştı ki şimdi! Kendi dememiş miydi "Biz ayrı olamayız Nihayet" diye. Ya öldüyse ya Nihayet Hanımını bırakıp gittiyse? Bu ihtimali düşündükçe kalbi yerinden sökülür gibi oluyordu kadıncağızın. Başka bir odaya götürülmüş kızlarının hıçkırıklarını duyunca sakinleşmeye çalıştı. Ellerini tutup teselli etmek isteyenlerin söylediği gibi, belki düzelip kendine gelecek akşama yanlarına dönecekti kocası. Halil'i onları burada böyle bırakıp gitmezdi. Yapamazdı, buna hakkı yoktu. Yüreğinde bulduğu umut kırıntılarına tutundu Nihayet Hanım. Tutunmalıydı yoksa ne kadar derine düşebileceğini tahmin edemiyordu. Kocasını götürürlerken rengi kaçmış yüzüne bakmıştı en son. Kızlardan biri "Anne yüzünde hiç renk kalmamıştı babamın" demişti. Arkadaşları, Halil Bey'in yoğun bakıma alındığını söylüyor başka bir şey demiyordu. Evleri kalabalıktı. Hep birlikte dualar ettiler Halil Bey'in gülümseyen yüzünü yeniden görebilmek için.

Aradan çok zaman geçmedi. Halil Bey'in durumunu

sorup duran Nihayet Hanım'a, "Kızları götürmeyelim bir tek seni götürelim hastaneye" dediler. Bir yandan Türkiye'deki arkadaşlarına "Eşim kalp krizi geçirdi, dua eder misiniz?" şeklinde mesajlar yazmıştı. Meğer o esnada sosyal medyada haber zaten yayılmış, "Halil Dinç vefat etti" diye. Sonradan öğrenecekti bunu Nihayet Hanım. Yol boyunca yüreğini sıcak tutan umudu hastaneye vardığında bitti, tükendi. Çünkü yoğun bakıma değil de morga götürdüler kadını. Morgun soğuğu girdi içine yerleşti. Titreyen bacaklarıyla kocasının boylu boyunca yattığı yere kadar gidebilen Nihayet Hanım, eşinin solgun yüzünü gördüğünde, yığıldı kaldı.

16 Ağustos 2018 kayıt düşüldü Halil Dinç'in ölüm tarihi olarak. Aslında öldürüldüğü tarih! Yakalanıp hapse atılma ve işkence görme tehdidi yüzünden iki yıldır doktora gidemiyordu Halil Bey. Sürekli başı ağrıyordu, tansiyonu vardı ilaç alamıyordu. Ellerinde yaralar vardı, kan geliyordu parmaklarından. Bir şekilde oradan buradan iyi geleceğini düşündüğü ilaçları kullanıyor, düzelmeye çalışıyordu. Duvarı nem insanı gam öldürür derler, uğradığı haksızlıklara dayanamamıştı nahif kalbi. Kalp krizi dediler ölüm sebebine lakin sahip olduğu her şey, itibarı elinden alınan Halil Bey üzüntüden, adaletsizlikten öldü. Evet silahla öldürmediler belki ama yaşadığı mağduriyetler usul usul sonunu getirdi genç adamın. Öyle mağdur ve acılıydı ki şiirler yazdı, kırık kalbinin kanını mürekkep yaparak. 'Halkım beni tanımadı' dedi. Halkı iyilik gönüllüsü bu insanın nasıl terörist olabileceğini hiç sorgulamamış, dahası haksızlıklara alkış tutmuştu. "Hayatında eline silah almamış insanlardan terörist olmaz" dememişti halkı? Erdoğan rejiminin soykırımına bir ceset daha eklendi.

Ölüm aniden önünde beliren bir duvar gibidir insanın. Toslarsın, sarsılırsın bazen o duvarın altında kalırsın. Nihayet Hanım kocasını çok severdi, Halil Bey onun dayanağıydı. Daha bir gün öncesinde tutunarak yürüdüğü kocası, biricik aşkı artık yoktu. Gurbette, dilini bilmedikleri bu yerde yaşadıkları kayıp dayanılacak gibi değildi. Nihayet Hanım nefes alamıyordu. Göğsüne dolan sitem dudaklarından taştı. "Keşke seni tanımasaydım keşke seni sevmeseydim" diye seslendi sonsuzluk yurduna giden Halil Bey'e. Bir an ölmek istedi. Ölmek, kaybolmak hiçbir şey hissetmemek istedi. Kendilerine yapılan bunca kötülüğü, çektiği bütün zorlukları, dünyanın mihnetini ardında bırakmaya öyle ihtiyacı vardı ki. Sonra kızları geldi aklına. Annelik şefkati itiraz etti ölüm arzusuna. O, Allah'a ve ahiret gününe inanan bir anneydi aynı zamanda. "Allah'ım bana yardım et" diye inledi.

Doktorun tavsiyesiyle sakinleştirici iğne yapılan kadın sayıklayıp duruyordu. Dudakları birbirine yapışmış, Halil'ine sesleniyordu. "Dön" diyordu. Halil'i ne kadar uzağa gittiyse, duymuyordu karısını. Nihayet Hanım hastaneden arkadaşlarının kollarında çıktı. Halil'i buz gibi bir morgun içinde, o morg Nihayet Hanımın içindeydi artık. Kalbi buz gibiydi. Çocuklarına babalarının ölüm haberini nasıl vereceğini düşündü yolda. Eve geldiler. Atina'da yaşayan Hizmet insanları bir an yalnız bırakmıyorlardı babasız kalan aileyi. Ahsen ağlayacak gücü bile kalmayan annesine baktı. Ve anladı. Kızcağız oracıkta düşüp bayıldı. İnci'ye psikolog eşliğinde söylediler babasının öldüğünü.

"Beni yaban ellerde bir başıma bırakıp nasıl gittin Halil'im, madem gidecektin beni buraya niye getirdin?" diye hıçkırırken yıllar önceki o konuşmaları geldi aklına. Bu sitemin cevabını Halil Bey yirmi küsur yıl önce vermişti. Ondan sonra tutmuştu elini. "Nihayet Hanım gün gelir de seni üç çocuğunla bırakıp belki ölürüm belki hapse düşerim, sen buna rağmen benimle evliliği kabul ediyor musun?" Kadının içi yandı. Evet o gün kabul etmişti her zorluğu ama gözyaşları söz mü dinliyordu sanki! Ağlamaktan bitap düştü.

GÜLEREK GEÇTİM DÜNYADAN

Gün yerini geceye, gece sabaha bıraktı. Yaşayanlar için hayat, bütün hayhuyuyla devam ediyordu. Cenaze işi vardı, cenaze beklemezdi. Cenazeyi Türkiye'ye gönderebilir miyiz, diye düşündüler. İlk akla gelen de buydu haliyle. "Türkiye devleti kabul etmeyebilir" dedi bazıları. "Yunanistan'a defnedebilir miyiz?" diye soruşturdu Nihayet Hanım. Zira Halil Bey'in tercih hakkı olsaydı muhtemelen Türkiye'ye gömülmek istemezdi. Öyle küskündü gönlü, öyle minnetsiz gitmişti... Ancak Halil Bey'in annesi çok istiyordu oğlunun Türkiye'ye defnedilmesini. O da iki yıldır evladını görmemişti. "Bari mezarına sarılayım" diyordu. Halil Bey'in ablaları da "Ne olur gönderin kardeşimizi" dediler. Nihayet Hanım onların bu isteğine kayıtsız kalamadı. Cenazenin Türkiye'ye, Trabzon'a götürülmesi için bir şirketle anlaşma yapıldı, gitti imza verdi. Bu şirket daha önce de Yunanistan'da ölen Hizmet gönüllülerini Türkiye'ye taşımıştı. Cenazeyi hemen alıp gönderemeyeceklerdi maalesef. Yunan makamları, Halil Bey için otopsi istiyordu. Aile istemese de Avrupa ülkelerinde böyle bir uygulama vardı. Halil Bey'in cenazesi dokuz gün daha morgda kaldı.

"Türkiye'de belki izin vermezler yıkanmasına, burada yıkama merasimi yapılsın gitmeden" diye düşündüler. Bir gün Hristiyan mezarlığına gittiler ama o gün yıkama yeri müsait değildi, cenazeyi geri götürdüler. Aynı şeyi birkaç kez yaşadılar. Sonra "Müslüman camisi bulundu, orada yıkayacağız" deyip tekrar götürdüler. Arap bir cami imamı yıkayacaktı Halil Bey'in na'şını. Aileyle ilgilenen Hizmet insanlarından biri öne çıktı, "Abla ben de girip Halil Abi'yi yıkayacağım" dedi Nihayet Hanıma. Kardeş şefkatiyle, incitmeden dualar okuyarak imamla birlikte yıkadı rahmetliyi. İnançlarına göre ölüler her şeyi duyar ve görürdü madem, Halil Bey yalnız olmadığını bilsindi. Ondan sonra da artık bayramın üçüncü günü Türkiye'ye gönderildi cenaze.

Nihayet Hanım eşini en son cenaze namazında gördü. El salladı. "Ahirette görüşürüz Halil'im" dedi. Ardından fenalaştı, kendinden geçti. Bir müddet kendine gelemedi acılı kadın. Kızları etrafında "Anne sen de ölme, anne ne olur sen de ölme!" diye ağlaşıp durdular.

Halil Bey'in Türkiye'deki oğlu babasının ölüm haberiyle yıkılmıştı. Hıçkırarak "Daha dün babamla konuştum" diyordu. İlk şoku üstünden atınca aklına babasıyla konuştukları geldi. Halil Bey vefat etmeden bir gün önce telefonda konuşurken demişti ki oğluna, "Beni özlersen Lokman suresini oku." "Baba niye seni özleyeyim ki, telefonla görüşüyoruz ya zaten" diye itiraz etmişti babasına İhsan. Şimdi anlıyordu babasını neden özleyeceğini. Ve daha şimdiden çok özlemişti.

Sapasağlam gönderdiği babasının cenazesini karşılayan gence birkaç arkadaşı destek oldu. Lakin bu zor görevin önemli kısımlarında yalnızdı. Babası bir terörist sayılan delikanlı acıtıcı bir yalnızlık içindeydi. Cenazeyi karşılamak için Trabzon'a gitti. Babasını katledenlerin ülkesinde bir başına dimdik durdu. Zulüm mevsimi yaşanıyordu Türkiye'de, korkudan ölülerini bile gömemiyordu insanlar. Trabzon havaalanında sadece Halil Bey'in oğlu ve bir eniştesi cenazeyi karşıladı. Rahmetlinin kardeşleri tutuklanmaktan korkuyordu, gelmediler. Diğer akrabaları uzak yerlerde beklediler ki başlarına bir şey gelmesin. Oysa başlarında felaketlerin en büyüğü, zalim bir diktatör vardı. Halil Bey'in cenazesi geldiğinde önce teşhis için oğluna gösterdiler. "Al babanı bu hale koyduk" der gibi. Bu arada Trabzon'un ilçesi Vakf-ı Kebir müftüsü haber salmıştı imamlara, "Fetöcülerin elebaşı geliyor, cenaze namazını kesinlikle kıldırmayın, yanına bile yaklaşmayın" diye. Hükümetten korkan din adamları Halil Bey'e dini tören yapmayı reddettiler. Burada ilginç olan durum şuydu. Halil Bey'in tercih şansı olsaydı zaten Erdoğan'ın din adamlarının naşına dokunmasını asla istemezdi. Düşmanlık ediyoruz derken O ve onun gibi mağdur ölenlerin dileğini yerine getiriyorlardı aslında. Zira din adamı Allah'ın değil menfaatin kulu olduysa, fanilerin emrini dinliyorsa yapacağı dini bir tören ölüyü anca huzursuz ederdi Halil Bey'e göre. Dolayısıyla camiye götürülmedi na'şı. Baba evinin avlusunda bekledi cenaze namazının kılınmasını. Rahmetlinin çok sevdiği bir imam arkadaşı vardı; Ahmet Hoca adında. O da KHK ile hukuksuzca işinden atılmış mağdur edilmişti. Cenaze namazını O kıldırdı evlerinin önünde. Sonra birkaç aile ferdinin katılımıyla sessiz sedasız aile mezarlığına gömüldü Halil Bey.

İyilik Hayatın Güneşidir!

Atina'daki Hizmet gönüllüleri, Halil Bey'in emanetlerine sahip çıktı. Kendi güçleri de tükenmek üzere olan bu insanlar acılı aileye payanda oldular. Cenaze işleri bittikten sonra Nihayet Hanım'a sordular. "Davamız, yolumuz bir, biz kardeşiz. Şimdi ne yapmak istersiniz? Ne yapalım sizin için? Nasıl destek olabiliriz?" Hizmet dostlarının alicenaplığı gözlerini yaşarttı Nihayet Hanım'ın. Lakin cevap veremedi kadın. Yaşadıklarının şokundan doğru dürüst düşünemiyordu. Ne yana dönse aynı şeyleri gördüğü uyanmak istediği bir kâbusun ortasında kıvranıyordu. En kolayı Türkiye'ye geri dönmekti fakat büyük ihtimalle hapse atılacaktı. Gene de avukatlara sordurdu, "Giderse kuvvetle muhtemel tutuklanır" cevabı geldi onlardan da. Gitmeseler Yunanistan'da nasıl yapacak, hayatlarını nasıl idame ettireceklerdi? Zihnindeki bütün ışıklar sönmüş gibiydi. Bir karanlığın ortasında kalmış, ne yana gideceğini bilmiyordu. Sanki dünyanın sonuna gelmiş de bir adım daha atarsa boşluğa düşecekti. Telefonuna sarıldı, abisini aradı sordu, "Abi ben ne yapayım, neye karar vereyim?" diye. Abisi kararı ona bırakıyordu. Görümcesini aradı, o "Gel ne olacak birkaç yıl yatar çıkarsın" dedi. Kolay bir şeymiş gibi söylüyordu. Tabi bu en iyi ihtimaldi. O birkaç yılla bitmeyecekti ki sıkıntıları. İşkence görmek, toplumdan bir vebalı gibi dışlanmak, işsiz parasız kalmak dahası tekrar tekrar tutuklanmak diğer olacak şeylerdi. O kadar zordu ki karar vermek. Sonra eşinin eski bir arkadaşını aradı Nihayet Hanım. O, "Biliyor musunuz abla Halil Bey demişti ki; 'Allah benim bu vücuduma o namertlerin elini sürdürtmedi.' Abla şimdi sen geri gidersen, Halil Bey üzülmez mi?"

Annesinin kararsızlığını gören Ahsen döndü dedi ki; "Anne, babam ömrünün son iki ayında bizi Türkiye'den çıkarmak için çabaladı, sen de gördün sanki acelesi varmış gibiydi, bir an önce bitirmek istiyordu bu işi. Babam çok maneviyatlı insandı. Acaba öleceğini sezdi de bu yolculuğa o yüzden mi çıktı? Biz şimdi dönüp teslim mi olacağız o zalimlere? Babamın emeklerini zayi mi edeceğiz?" Kızı o kadar haklıydı ki. Aynen böyle olmuştu. Darbeden sonra, en sıkıntılı zamanlarda kararsız kalan Halil Bey, birden harekete geçmiş ailesini güvenli bir yere götürebilmek için çabalamıştı. Vefatının yakın olduğunu sezip sevdiklerini zalimlerden kaçırmak tam da Halil Bey gibi bir şefkat insanına yakışacak davranıştı. Elinden gelse dirilip gelirdi ailesini korumak için. Ah Halil'i! Sıcak yuvasının çatısı, arkadaşı, eşi... Öldüğünü kabul etmek ne kadar da zordu. Göğsünde kocaman bir kara delik açılmış gibiydi. İnançlı bir insan olmasaydı Nihayet Hanımı da yutabilirdi bu kara delik. "Ah Halil'im keşke çıkıp gelsen" deyip ağladı acılı kadın. Diğer taraftan oğlu, "Anne sizi düşünmekten babamın üzüntüsünü yaşayamıyorum, ne olacaksınız siz şimdi orada?" diye üzülüyordu.

Kardeşten öte kardeş, dava arkadaşları aralarında bu yaralı insanlara yardım topladılar. Nihayet Hanım ve kızları dostlarından aldıkları güçle, yola devam etme kararı aldılar. Psikolog bir hizmet gönüllüsü Nihayet Hanımla yakından ilgilendi. Terapi verdi. Vefalı insanlar, aileyi kaldıkları daireden çıkartıp uzun süre kalabilecekleri bir eve yerleştirdi. Yeniden insanca yaşayacakları hukukun ve adaletin işlediği topraklara ulaşmaya çalışacak, en olmadı Atina'da kalacaklardı...

Nihayet Hanım ve kızları yanlarında başka bir ailenin daha kalmasını istemişlerdi. Zira kızlar tek başlarına kalamıyor, korkuyorlardı. İnci sürekli Nihayet Hanım'ın kalbini dinleyip, "Anne sana da bir şey olursa biz ne yaparız Yunanistan'da, seni hastaneye nasıl götürürüz?" diye kaygıyla oturup kalkıyordu. Çocuklarda ölüm korkusu başlamıştı, sürekli nefes alıyor mu, iyi mi, hayatta mı, diye annelerini yokluyorlardı.

Hangi ülkeye gideceklerine de karar vermişlerdi. Belçika'da mülteci şartları daha kolay görünüyordu, bunun için Belçika diyordu Nihayet Hanım. Önlerinde sıkıntılı bir yol vardı. Kaçak olarak gitmeleri gereken onur kırıcı, haysiyet zedeleyici bir yol. Hayatlarında yalanla dolanla hiç işi olmamış insanlar illegal belgeler kullanacak, kılıktan kılığa gireceklerdi.

Ahsen çok zayıflamış, kırk beş kiloya düşmüştü. Sürekli panik atak geçiriyordu. Üst üste yaşadıkları kayıplar çocukların dünyasını alt üst etmişti. "Dua ediyoruz ama olmuyor Allah bize neden yardım etmiyor" diyordu Ahsen. Güneşli günlerde edilen iman kara kışa tahammül edemiyor muydu? Nihayet Hanım çocukları adına endişeliydi. Hep anlatmıştı çocuklarına, dünyanın bir imtihan yurdu olduğunu. Lakin bilmekle yaşamak arasındaki fark çok fazla gelmişti çocuklara. Çocuklarının maddi manevi selamete ulaşması için dualar ediyordu Nihayet Hanım.

Altı defa Yunanistan'dan çıkıp Belçika'ya ulaşmaya çalıştılar. Olmadı. Her denemede özellikle Ahsen çok yıpranıyordu. Herkesin ortasında polis bunları gözaltına alıyor, kafese koyuyor, sorguluyordu. Sonra serbest bırakılıyor, boşalttıkları eve geri dönüyor her şeye yeniden başlıyorlardı. "Biz ne yaptık, yoksa gerçekten kötü insanlar mıyız, neden arkadaşlarımız bizim yaşadıklarımızı yaşamıyor?" diyordu kızlar. Yedinci seferi Ahsen tek başına denediğinde çıkabildi Yunanistan'dan. Nihayet Hanım ve İnci kaldı geride. Ahsen'in Belçika'da bir aile dostlarının yanında kalmaya başlamasıyla Nihayet Hanım biraz rahatlamıştı.

Halil Bey vefat ettiğinde bütün Atina üstüne yıkılmıştı Nihayet Hanım'ın. Sanki her şeyin suçlusu burasıydı. Başlarda Yunanistan'a da Halil Bey'e de çok kırgındı. Ama sonra düşündükçe fikri değişti. İyi ki Halil Bey'i tanımış ve onunla evlenmişti. Ve iyi ki de gelmişti onunla, kocasını yalnız bırakmamıştı. Son nefesine şahit olmak ne kadar acı verirse versin, iyi ki yanında olmuştu. Halil Bey, Allah'ın bir nimetiydi Nihayet Hanım için. İyi ki tanımış, iyi ki sevmişti. Şimdi O'na yeniden kavuşabilmenin tatlı hayaliyle avunup, çocuklarına sarılacaktı.

Yunanistan'ı da çok sevdi, insanlarına minnet duydu sonradan. Atina'da iki ayrı ev sahibi olmuştu, ikisi de birer sene arayla eşlerini kaybetmiş dul kadınlardı. Sanki Allah denk getirmiş bu acılı insanları buluşturmuştu. Aynı dili konuşamıyorlardı, gerek de yoktu. Duyguların kendi dili vardı. Birbirlerine sarılıp ağladılar. Onlar Nihayet Hanım'ın derdiyle dertlendiler, O onların derdiyle. Nazik insanlarıyla Yunanistan, Türkiye'den, Erdoğan'ın zulmünden kaçanlar için özgürlüğe giden bir köprüydü. Her geçen minnet hissiyle doluyor ve onu gittiği yere götürüyordu.

Ailece çok iyi insanlar tanıdılar Yunanistan'da. Bir gün Nihayet Hanım rahatsızlığı için ilaç bulmaya bir baharatçıya gitmişti. Türkçe bilmeleri hoşuna gitmişti dükkandakilerin ama duydukları hoş değildi. "Bizim bir arkadaşımızın dükkanını yaktılar 6-7 Eylül olaylarında İstanbul'da, Türkler yaktı. Siz daha bunları yeni yaşıyorsunuz, biz neler çektik" dediler. Nihayet Hanım mahcubiyet duydu, Rumların dükkanlarını yakan, mallarını yağmalayan zalimler adına. O gün Nihayet Hanım 'Biz acıyla yeni tanışmışız' diye düşündü. Canavarlığın, insanlara zulmetmenin dini, dili, ırkı yokmuş bir kez daha anladı. Canavar bazen "Heil Hitler" diye, bazen "İslam" diye bağırıyordu. Kötüler ideolojileri, sadistliklerine alet ediyorlardı. Aslında önemli olan insanların ne söylediği, nasıl yaldızlı laflar ettiği değil, yaptıklarıydı.

"Benim başıma neden böyle bir şey geldi" diye düşünmüyordu artık. Zira dünyada o kadar fazla acı vardı ki onun payına da bir şeylerin düşmüş olması kaçınılmazdı sanki. Kendi kendine dedi ki "Nihayet, bundan sonra ister Müslüman olsun ister olmasın, bütün insanları kucaklamalısın." E zaten inandığı dinin bir gereğiydi bu.

Hayat, dersini uygulamalı veriyordu ona göre. Herkese iyilik yapması ve kimseden bir beklentiye girmemesi, sadece Allah'a dayanması gerektiğinden bir kez daha emin oluyordu Nihayet Hanım. Çünkü, eşine, Halil'ine çok bağlanmıştı, bunu artık iyice görebiliyordu. Allah'tan gayri hiçbir şeye aşırı bağlanmamalıydı. Verilen her nimetin kıymetini bilmek ama geçip gidici olduğunu unutmamak, haddini bilmek gerekiyordu. Güçsüzlüğünü idrak etmek, bu idrakle yaşamak, insanın tek gücüydü...

Babacığını Trabzon'a defnettikten sonra İhsan farklı yollardan Belçika'ya geçti. İltica etti. İki ay hapis yattı. Sonra oturum aldı. Kız kardeşi Ahsen'i yanına aldı. İki kardeş birbirlerine dayanak oldular. Nihayet Hanım ve küçük kızı Atina'da dört ay daha kaldılar Ahsen'den sonra.

Özgürlüktür
Evin!

İllegal iş yapmanın en zor yanlarından biri suçlu, sabıkalı insanlarla muhatap olmaktı. Sığınmacıların sırtından geçinen kaçakçı bunları görmeye gelmişti bir seferinde. Satın alacağı bir eşyayı inceler gibi tepeden tırnağa Nihayet Hanım ve kızını süzmüştü. Nihayet Hanım büyük rahatsızlık duymuştu onun bakışlarından. İnci için "Şu küçük kızı sınırdan geçiremem fazla esmer" demişti. Annesinin gidip kendinin geride kalacağını zanneden İnci gözlerini korkuyla açarak "Anne sen beni bırakacak mısın burada" diye bağırmıştı. "Hayır tabi ki kızım, daha neler!" "Kızın çok esmer, doğulu kaçak olduğu belli olur pasaport kontrolünden geçemez" diye üsteledi adam. Annesi, ağlamaya başlayan İnci'yi güçlükle yatıştırdı. "Gerekirse gitmeyiz Yunanistan'da yaşarız yavrum hiç seni bırakır mıyım?" dedi. Kaçakçıyı azarladı. "Parasıyla değil mi, kızımla ikimizi çıkaracaksınız." Abus çehreli kaçakçı dudak büküp gitti. Adamlar alacağı paraya bakıyordu zaten. Devam eden aylarda, anne kız havaalanına defalarca gidip geldi, gidip geldi… Maddi, manevi tükenme noktasına gelmişlerdi. Denemeleri öyle bir hal almıştı ki, ayak sürüyerek gidiyorlardı. İnci, çocuk yüzüne yakışmayan bir bezginlikle, "Anne zaten birazdan geri geleceğiz ki" diyordu. Ve on altıncı denemenin sonunda, Yunanistan'dan çıkıp Belçika uçağına binebildiler. Dile kolay, on altı kere gözaltına alınmışlardı. "Bir çocuğa, polisten saklanman gerek, adını, kılığını değiştirmen gerek" demek, onu bir endişe girdabının içine salmak demekti. Etrafında dönüp duran kaygılarla başa çıkamayan İnci çok sarsılmıştı. Havaalanı fobisi, polis fobisi oluşmuştu minicik çocukta. Bir yerde polis ve asker görünce endişeden rengi soluyor, hemen annesinin elini tutuyordu.

Nihayet Hanım küçük kızı İnci'yle birlikte 10 Haziran

2019'da Belçika'ya ulaştı. Halil Bey hariç bütün aile bir aradaydılar sonunda. Hem ağladılar hem şükrettiler bu zorlu yolculuğu tamamladıkları için. Nihayet Hanım ilk fırsatta Türkiye'ye, akrabalarına telefon etti. "Halil'imin mezarına varıp selamımı söyleyin. Söyleyin hepimiz iyiyiz, güvenli bir ülkedeyiz. Bir de söyleyin ben ondan razıydım Allah da razı olsun" dedi.

Halil Bey yaşasaydı Almanya'ya iltica edeceklerdi birlikte. Öyle arzu ediyordu. Oysa kaderinde Türkiye'ye geri dönüş yazıyordu rahmetlinin. Zulüm ekenlerin ölüm biçmeye devam ettiği topraklara kazılacaktı mezarı. Kendi insanına, kendi toprağına bu kadar düşman başka bir yönetim daha görmemiş Türkiye'ye…

Belçika'ya onlardan önce gelen İhsan'ın evinde kalıyorlar şimdi. İhsan devlet yardımıyla küçük bir ev kiralayıp içine birkaç eşya koyabilmişti. Bir süre sonra başka bir eve geçecekler. Belçika'ya indikten sonra çok sıkıntı yaşamadılar. Nihayet Hanıma göre, Allah bazı zamanlar daraltıp bazı zamanlar ferahlık veriyordu kuluna.

İçlerindeki burukluk belki hiç geçmeyecek. Yeniden bir düzen kurmak da zaman alacak. Ama gelecekten umutlular. Kışın ardından göğermeye başlayan toprağa nazar eden çiftçi gibiler. Sağdan soldan minik yeşillikler fışkırdıkça içleri içlerine sığmıyor. Biliyorlar ki kışlar ne kadar zorlu geçecek olursa olsun yine bahar gelecek…

Tutunduğu yamaçlardan maziyi seyrediyor Nihayet Hanım. Ölçüyor tartıyor… Eşiyle imtihan olmak en zoruydu Nihayet Hanım'a göre. Onu hasret ve rahmetle anıyor her zaman. Şunu çok iyi anlıyor ki sevgili Halil'i mücevher gibiymiş onun yanında parlayan, yol gösteren. Onsuz yol almak kolay olmuyor. Nihayet Hanım'a 'Halil Bey nasıl biriydi?' diye sorduklarında başlıyor anlatmaya. İnsanın sevdiğinden bahsetmesi haz verirmiş gönlüne. Nihayet Hanım gönlünde haz, gözlerinde nem anlatıyor rahmetli eşini. "Halil Bey Karadenizli olmanın coşkunluğunu taşıdığı halde onu fıtratında eritmiş, vakur, Allah dostu, sevdiklerine sevgisini pek gösteremeyen ancak onlara çok vefalı, dışardan bakınca mesafeli, ama onu tanıyıp onun atmosferine girince bağımlılık yapan bir dost, bir sevgili... Yemesi içmesi ile tam bir irade kahramanı... Çok okuyup, okuduklarında derinleşen, bilge bir insan. O hep başkaları için yaşadı. Hatta bazen çocukları 'Baba bizden başka herkesi düşünüyorsun' derlerdi. Bazen tanıdıklardan bayram hediyesi bir miktar para gelirdi işsiziz diye. Hemen bana derdi ki 'Nihayet onu ihtiyacı olan arkadaşlara mı versek?' Türkiye'den çıkmamıza yakın doğum günü hediyesi olarak Halil Bey'e bir pantolon almıştım. Ne kadara aldığımı sordu. Fiyatını duyunca "Nasıl verirsin bu kadar parayı buna, bu miktarla bir ay mutfak ihtiyacı gören insanlar var, ben bunu nasıl giyerim şimdi?" dedi. "Olsun. Avrupa'ya gideceğiz, belki orada ihtiyaç olur, sana bunu almak için para biriktirmiştim" dedim. Halil Bey o pantolonu hiç giymedi. Vefatından sonra başkasına verdim gitti."

Devam ediyor, "Eşim yaşadığı sıkıntılarla son iki yılda pırıl pırıl bir insan olmuştu, Allah onu öyle bir temizlemişti ki yüzündeki o nuru herkes görebiliyordu. On beşe yakın şiir yazmıştı, şiirlerinin bir kısmı maalesef sadece telefonuna kayıtlıydı, telefondaki şifreyi kırıp şiirlere ulaşamadık. Altı şiiri var elimizde. O hakkı söyledi hakkı yazdı. Ülkesinde haksızlığa uğrayan insanlar için atıyordu kalbi. Hapiste yatanlara, saklanmak zorunda kalanlara, kapanan okullara, koskoca bir ülkenin yıkılışına şiirler yazdı."

Nihayet Hanım ekliyor. "Hayat işte... Yunanistan'a ilk geldiğimizde Halil Bey kederlenmişti. "Nihayet, annem çok yaşlı, ölürse cenazesine gidemeyeceğim." Oysa onun cenazesi annesine gitti. Hayat çok karmaşık gibi görünse de işleyişi çok basitti aslında. İnsanın planları hayalleri olabilir ve bunun için de çalışır lakin günün sonunda neyle karşılaşacağını kimse bilemez.

Yola çıktıklarından bir eksikle Belçika'dalar şimdi. Ahsen

abisi İhsan gibi oturum aldı. Nihayet Hanım'la İnci'nin iltica görüşmesi var yakın zamanda.

Yeni bir ülkede yeni bir hayatın eşiğindeler... Nihayet hanım Belçika'da bir okulda gönüllü olarak, haftada üç gün yardım ediyor. Haftanın dört günü de dil kursuna gidiyor. Çocuklarının kıymetini bilmeye çalışıyor, sağlığına şükrediyor. Çocuklarını sarsan psikolojik travmalara birlikte mücadele ediyorlar. Yetinmiyor, başka acılı insanlarla ilgilenmeye çalışıyor. Hicret yolunda iki çocuğunu ve eşini kaybeden Hizmet gönüllüsü Gülfem adında bir hanımla görüşüyor. Destek olmaya çalışıyor. Erdoğan'ın zulmü yüzünden hiç kimsesi kalmayan insanlara baktığında kendini şanslı sayıyor.

İhsan, Ahsen ve İnci dersen çok değiştiler. Eskiden çok fazla şikâyet eden, rahata alışkın çocuklardı. Dünyada iyilerin kötülerle mücadelesine çok yakından şahit olmanın etkisiyle olgunlaştılar.

Nihayet Hanım inanan bir insan. Zaman zaman gözyaşlarına boğuluyor sonra duruluyor. "Ağlasam da Allah'ım isyanım Sana değil" diyor. Kalp acıyınca gözden yaş düşmesi kaçınılmaz da O, gittiği yoldan, Hizmet gönüllüsü olmaktan dolayı hiçbir zaman pişman değil. Halil'inin hayaliyle avunuyor. Bir gün O'nunla buluşma ümidi içini ısıtıyor. Eşinin şehit olduğuna inancı tam.

Bazen sesleniyor Halil Bey'e "Getirdin, bıraktın gittin beni buralara kendin geri döndün köyüne. Hiç oldu mu böyle?" diyor naz makamında. Sonra boynunu büküyor. Dualar okuyor ruhuna. "Rahat uyu" diyor. Elinde kalan tek şey hatıralar. Acısını, kederini koynunda gezdiriyor, kâh seviyor kâh sitem ediyor. Bundan sonrasında çocuklarının iyi günlerini görebilmeyi umut ederek yaşayacak. Çünkü yavruları aynı zamanda Halil Bey'den bir parça, emanet. Eşinin yerine de sarılıyor evlatlarına.

Belçika hükümetine ve halkına minnettarlar. Aynı dinden ve aynı dilden olmadıkları halde, zor durumdaki insanlara kapılarını açmaları Nihayet Hanım için çok kıymetli. Belçika ikinci vatanı oldu, yeni ülkesi için elinden gelen her çabayı, her fedakarlığı göstermeye kararlı. Ve Türkiye'de kalan mağdur insanlar için her daim duacı. Dünya üzerinde acı çeken her kalple birlikte atıyor kalbi.

Dünya misafirhanesinde bir yolcu olduğunu yaşadıklarından sonra daha iyi anladı. İnsanın mesleği, maddiyatı, ülkesi, eşi hepsi bir varmış bir yokmuşla başlayan bir masal ona göre. Kendi masalının güzel biteceğine inancı tam. Çünkü o masalın yazarından asla ümidini kesmedi.

SON

Gülerek Geçtim
Meriç'ten

Dünyam bir el çantasında.
Yok oldu bir mazi hiçten.
Acı, zorlu talihime,
Gülerek geçtim Meriç'ten.

Tarihin başından beri
Yaşanan, bitmeyen göçten
Yok kimseye imtiyazı
Bilerek geçtim Meriç'ten.

Bir zehirden iftirayı
-Duydum sen say ki baldıran-
Kırk beş yıllık hatırayı
Silerek geçtim Meriç'ten.

GÜLEREK GEÇTİM DÜNYADAN

Sırtımda bir urba ardan
Kalbim güvercin yüreği
Hem serden geçtim hem yardan
-Geride mağmum dostlarım-
Dolarak geçtim Meriç'ten

Tohumlar bıraktım orda
Semaya ser çeksin diye
Bebek, anne, yağız yiğit
Rahim Allah'a hediye

Hicret, evet bakiyesi
Hicranlı duygular, içten
Vatana son bakış, yaslı
Bir akşam geçtim Meriç'ten.

PHOTOS

GÜLEREK GEÇTİM DÜNYADAN

GÜLEREK GEÇTİM DÜNYADAN

GÜLEREK GEÇTİM DÜNYADAN

GÜLEREK GEÇTİM DÜNYADAN

GÜLEREK GEÇTİM DÜNYADAN

GÜLEREK GEÇTİM DÜNYADAN

GÜLEREK GEÇTİM DÜNYADAN

GÜLEREK GEÇTİM DÜNYADAN

GÜLEREK GEÇTİM DÜNYADAN

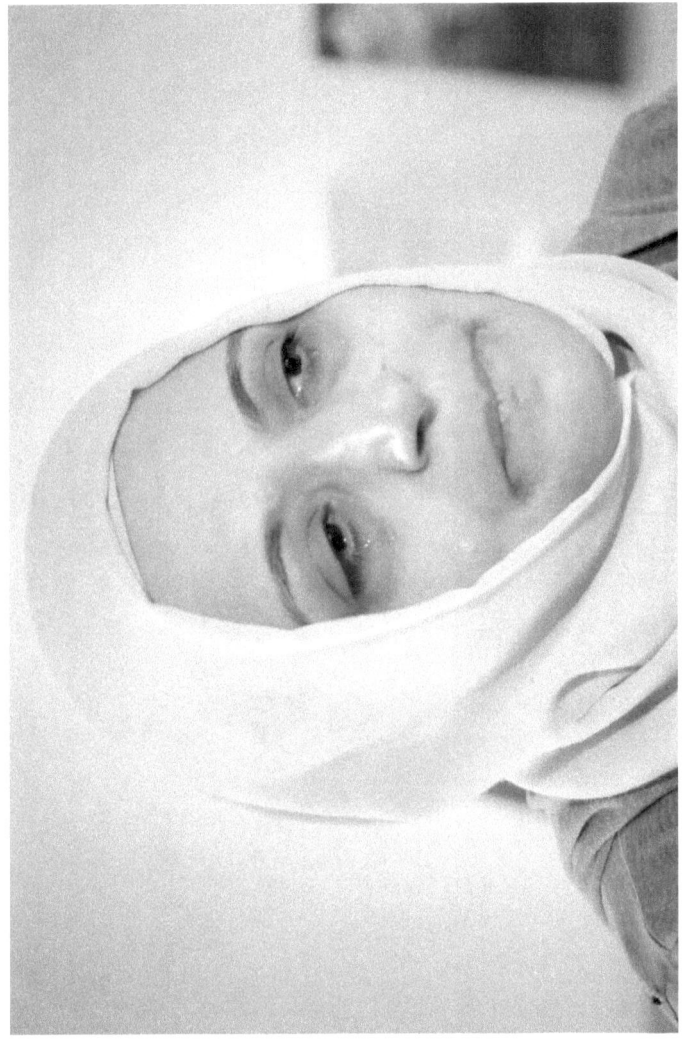

GÜLEREK GEÇTİM DÜNYADAN

Zeynep Kayadelen

16 Ağustos 1972 doğumlu. Dünyayı tanımaya başladığı andan itibaren kelimelerin sihirli dünyasına dahil olması gerektiğini anladı. Çok minikken bile kitap sayfaları çevirir harflere parmaklarıyla dokunur anlamaya çalışırdı.

Okuma yazma öğrendiği andan itibaren yazmaya başladı. Hayatın anlamlardan ibaret olduğunu anlamları da kelimelerin yüklendiğini sezmişti.

İçinde sanki muhteşem dünyalar vardı ve onların kapısını açan sihirli anahtar ise kelimelerdi. Hayatı boyunca bu hisle yaşadı, okudu, yazdı.

Ortaokul ve liseyi yatılı okudu. 1989 da Abant Üniversitesi'ne girdi. Üniversitede okul gazetesine yazılar yazdı. Sınıf öğretmenliği bölümünü bitirmeden okuldan ayrıldı.

Önceleri daha çok şiir yazıyordu. Sonradan roman ve hikâye yazmaya başladı. Sırasıyla Reyhan, Yitik Mevsim, Alpdoğan, Kadim Sır ve Menekşe Günler adında Türkiye'de yayınlanmış beş romanı vardır. Kitapları defalarca basıldı.

Doğunun masalsı havası onun da ruhuna işledi. Masal dinlemeyi ve yazmayı seviyor. İki adet çocuk masalı yayınlandı. Adsız Oğlan ve Acayip Cüce, Örümcek Tüneli adında.

Sinema ve senaryo yazarlığı konusunda uzun süre eğitim aldı. Ve bu konuda da çalışmalar yaptı. 2011 de gösterime giren Allah'ın Sadık Kulu (Barla) isimli animasyon sinema filminin senaryosunda çalıştı. Film kendi alanında Türkiye'de bir ilk oldu ve çok izlendi. Çeşitli televizyon dizileri için hikayeler yazdı.

Türkiye'de 2016 yılında yaşanan 15 Temmuz darbesinden

sonra o da pek çok kişi gibi baskıya maruz kaldı. Romanları ve masal kitapları Türkiye'de yasaklandı ve toplatıldı. Yanına bir tane bile kitabını alamadan çok sevdiği ülkesinden ayrılmak zorunda kaldı. Şimdilerde Kanada Toronto'da yaşıyor. Evli ve beş çocuk sahibidir.

Yazmaya devam ediyor ve özellikle ülkesinde yaşanan dramları yazmayı kendine bir borç biliyor.

Barışın ve sevginin gücüne inanıyor. O biliyor ki insanlar neyin kavgasını verirse versin dünyanın tek ihtiyacı sevgi ve şefkattir.

AST PUBLISHING

TÜRKİYE'Yİ TERK EDENLER
Zeynep Kayadelen

A PICTURE IS WORTH A THOUSAND WORDS:
THE ILLUSTRATIONS OF A TEACHER IN PRISON
YOLGEZER

ÇALIŞMALARIMIZA **DESTEK OLMAK** İSTİYORSANIZ

☑ KREDİ KARTI VEYA BANKA

silencedturkey.org/donatenow

☑ PAYPAL

paypal.me/ast111

☑ ZELLE

advocatesofsilencedturkey@gmail.com

☑ PATREON

patreon.com/advocatesofsilencedturkey

ADVOCATES OF
SILENCED TURKEY

AST, 501(c)(3) vergi muafiyetine sahip, kâr amacı gütmeyen,
ABD'nin New Jersey eyaleti merkezli,
yalnızca insan haklarını ve medeni hakları savunmaya yönelik
bir hayır kurumu ve eğitim kuruluşudur.

EIN : 83-1568246

POSTA ADRESİ
Advocates of Silenced Turkey 271 US 46
Fairfield, NJ 07004 Suite F203

İLETİŞİM
help@silencedturkey.org

WEB VE SOSYAL MEDYA
www.silencedturkey.org
twitter.com/silencedturkey
facebook.com/silencedturkey
youtube.com/advocatesofsilencedturkey

www.ingramcontent.com/pod-product-compliance
Lightning Source LLC
Chambersburg PA
CBHW031632210526
45464CB00004B/1860